데이터와 동행한
25년의 정리와 기록

나의 분석 이야기

이남놀 지음

추천사

저자로부터 책을 낸다는 연락을 받고 깜짝 놀랐습니다. 20여 년간 같은 분야에서 함께 일하며 지켜본 저자는, 대기업의 분석계 시스템 운영을 책임지는 중요한 자리에서 항상 바빴고, 그러면서도 항상 새로운 기술을 찾아 도전하는 열정으로 가득 찬 모습을 보여주었습니다. 또한 한 가정의 엄마로서 가족을 돌보기 위해 최선을 다해 애쓰고 있음을 잘 알고 있는데, 이런 저자에게 어떤 사연이 있었는지, 그렇다 하더라도 어떤 시간이 있어서 책을 집필할 생각을 하게 되었는지 도무지 이해가 가지 않았습니다.

저자는 책을 쓰는 이유로 25년간의 직장생활을 통해 축적한 경험에 대한 정리와 복원의 중요성을 들어 강조하고 있습니다. 데이터 분석이라는 일이 일견 쉽게 들리기도 하지만, 구체적으로 어떤 내용의 일을 어떤 프로세스를 거쳐서 하게 되는 것인지 너무나도 다양하고 광범위한 분야입니다. 저자는 이 넓은 영역을 두루두루 직접 접해 보고, 어떤 분야는 누구보다도 깊이 들어가 보면서 경험을 통해 체득해 온 살아있는 지식 그 자체입니다. 그 경험을 기록으로 남겨야 한다는 저자의 도전정신 또한 한 분야의 전문가로서 지녀야 하는 사회를 위한 헌신과 책임의 발로가 아닐까 생각해 봅니다.

이러한 열정으로 어려운 일에 도전하는 용기를 내 주신 저자에게 존경의 마음을 드리고, 같은 분야에서 일하는 많은 동료들과 후진들에게 비전을 제시하고 귀감이 되는 큰일을 해 주심에 대해 무한한 감사를 드립니다.

저자는 이 책을 통해 다소 어려운 개념일 수도 있는 IT 전문 분야를 쉽게 풀어서 설명하고 있습니다. 데이터 분석의 각 요소들에 대한 전체적인 그림을 그려줌과 동시에 각 요소의 세밀한 부분까지도 자세히 다루어 주고 있어서 책의 구석 곳곳에 저자의 정성이 묻어 있음을 느낄 수 있습니다. 특히 다양한 시나리오와 함께 이를 구현하는 방법에 대해서도 자세히 다루고 있어서 데이터 분석 분야의 교육 교재로 사용해도 손색이 없을 만큼 높은 완성도를 보여주고 있습니다.

이 책은 데이터 분석 분야에 첫발을 내딛는 사람은 물론, 이미 이와 관련된 일을 하고 있는 사람들에게도 막연한 개념을 체계화하고 진문적 지식을 넓히고 발전시키는 촉진제 역할을 할 것으로 기대합니다. 데이터 분석과 관련한 비즈니스 영역 또는 IT 분야로 진출을 계획하는 학생들에게도 좋은 지침서로 추천을 드립니다.

한 분야의 전문가로 25년간 노력해 오신 저자에게 격려를 보내며, 긴 세월을 함께 일해온 동료들을 대표해 이렇게 훌륭한 유산을 남겨 주심에 다시 한번 감사드립니다. 하루가 다르게 새로운 기술이 쏟아지는 이 시대에, 지치지 않는 열정과 에너지로 전문가 그룹의 성장을 견인하는 저자의 건승을 응원하며, 무엇보다도 아름다운 은퇴를 맞이할 때까지 건강과 즐거움 그리고 가정의 행복이 함께 하기를 기원합니다.

마이크로스트레터지 김연희 이사

머리말

이 책은 25년 동안의 직장 생활을 하면서 경험하고 느낀 점, 그리고 꼭 하고 싶었던 이야기를 정리한 글이다. 그 오랜 시간 속에서 내가 부딪히고 고민했던 많은 일들에 대한 분석과 복기의 필요성을 느꼈지만 번번이 미루어 오다가, 이제서야 그 기억과 이야기들을 부족한 대로 여기에 남기고자 한다. 시작이 쉽지는 않았지만 지금이라도 조금씩 나의 일들을 요약하고 정리하는 습관을 갖자는 반성과 뒤늦은 후회가 오히려 출발의 동력이 되었다.

사실, 그동안의 많은 작업과 프로젝트에 대한 정리와 기록이 없었기에 최근에 수행한 차세대 프로섹트조차도 내 머릿속에 남아있는 자료들은 거의 없다고 해도 과언이 아니다. 그래서 반드시 활자를 이용한 정리와 그 분석이 필요하다는 것을 느꼈고, 그 절박함과 사명감으로 첫발을 내딛게 되었다.

외길 IT장이 글재주가 미흡하기에 출판에 대한 낯섦과 두려움이 앞섰지만 막상 글을 쓰기 시작하니 정리해야 할 일들이 조금씩 떠오르기 시작했고. 적잖은 착오와 우여곡절 끝에 필자의 과분한 책이 세상에 빛을 보게 되니 너무도 기쁘고 감사하기 그지없다.

차례

01

OLAP
이야기

20년 동안 사용한 경험을 바탕으로…

저자는 오랫동안 OLAP분야에서 일해왔다. 초기 IT를 시작할 때는 C+, Visual Basic, Visual C++ 등의 프로그램언어를 사용하여 프로젝트를 진행했다. 그러나 이런 개발 프로젝트는 개발에서 구축하기까지 장시간의 투입을 요구했고, 또한 구축 이후에도 추가적인 요구사항 대응을 하기 위해서는 몇 주가 소요되었다.

2000년 초반부터 데이터에 대한 관심이 증가해서 데이터 웨어하우스(DW) 구축이 여기저기에서 시작되었고, 거의 모든 회사에서 경쟁적으로 구축하기 시작했다. 이렇게 구축된 데이터웨어하우스를 활용하기 위해 각종 솔루션들이 도입되었다. 대표적으로 데이터마이닝, CRM, OLAP 등이 그런 사례이다. OLAP 등장 배경을 보면, 데이터 분석 측면에서 연속성을 보장하기 위해서는 기존 방식으로 개발 요건을 내고 3~4주 기다리는 방식으로는 분석을 진행할 수는 없었다. OLAP은 이런 측면에서 데이터 분석을 지원하기 좋은 솔루션이었다. 사용자에게 구축된 DW 데이터를 제공하고 직접 데이터를 분석할 수 있도록 환경을 만들어주었던 것이다. 이로 인해 리포트를 사용하는 방식이 많이 바뀌게 되었다. 항상 IT 전산실에 이런저런 포맷의 데이터 요청서를 올리고 기다려서 결과를 받았는데, 이제는 본인이 직접 추출할 리포트를 디자인하고 데이터를 채우기만 하면 되었나. 획기적인 변화였고, 이 변화를 잘 적응한 사람은 많은 분석용 리포트를 추출해서 캠페인 등의 직접적인 마케팅 활동에 활용하고, 의사결정자 즉 기업 임원들은 이런 정보를 이용하여 기업의 큰 영업 방향을 결정하기도 하였다.

이와 더불어 점점 쌓이는 데이터를 사용하여 데이터 마이닝(Data Mining)으로까지 확장하여 눈에 보이지 않는 숨어있는 정보를 찾으려고 많은 시도를 했다. OLAP 환경을 구축하는 프로젝트에 투입되면 대부분 데이터 마이닝 구축을 위한 개발자도 같이 투입되어 있는 상황이었다. 경쟁적으로 좋은 인사이트를 발견하기 위해 데이터 자체에 많은 관심을 가지고 접근했었다.

이제는 OLAP 기능이 많이 추가되어 그 당시보다 훨씬 분석을 편하게 할 수 있는 UI/UX가 제공되었으며, 부가적인 기능도 많이 도입되었다. 시대의 흐름에 따른 기능 요구사항이 OLAP에도 반영이 되었던 것이다. 이런 변화를 바탕으로 현재까지 주로 사용한 OLAP 기능 및 최근에 도입된 활용 가능한 편리한 기능에 대해서 정리해 보고자 한다.

OLAP 이란 무엇인가?

OLAP이 무엇인지 그 개념부터 살펴보자.

OLAP은 OnLine Analytical Processing의 약어로 실시간으로 분석을 처리할 수 있다는 의미를 지니고 있다. 즉, 의사결정을 지원하기 위한 실시간 분석 환경을 제공하는 시스템이다.

일반적으로 경영진 또는 팀장들은 의사결정을 하기 위해 많은 자료를 필요로 한다. 경험에 의해 처리하기도 하나, 데이터에 기반한 의사결정이 필요한 경우도 많아서, 이런 경우 실시간으로 데이터를 분석해 필요한 데이터를 추출하여 의사결정에 도움을 받기도 한다. 여기서 실시간으로 데이터를 분석한다고 했는데 도대체 어떤 환경을 말하는 것일까?

OLAP은 메타데이터 기반이라고 하는데, 어떻게 작동하는 것인지 알아보자.

OLAP은 의사결정을 지원하는 분석환경이라고 했다. 분석환경이라 함은 의사결정을 위해 필요한 데이터를 담고 있는 데이터저장소가 존재해야 하고, 데이터저장소에 저장된 다양한 데이터에 대한 길잡이 정보가 있어야 사용자가 실시간으로 데이터를 활용할 수 있다. 여기서 데이터에 대한 길잡이 정보를 메타데이터라고 하며, 이 메타데이터를 별도로 구축한 시스템을 OLAP 시스템이라고 한다. 사용자는 OLAP 시스템 환경을 통해서 필요한 데이터를 찾아서 온라인상에서 직접 분석해 나갈 수 있게 된다.

OLAP 길잡이 메타데이터 정보로는 어떤 것이 있는지 좀 더 알아보자.

유통회사에서 고객을 분석한다고 가정해 보자. 그럼 고객 분석에 필요한 데이터로 고객이름, 성별, 고객 나이, 고객 주소 등의 정보가 필요할 것이다. 보통은 이런 고객정보를 데이터베이스 관리시스템 (DBMS)에 저장하고, 저장된 데이터는 물리적 위치정보(예, 테이블 정보)를 가지게 된다. 여기서 OLAP 시스템은 고객 정보를 이용하기 위해 이 물리적 위치정보에 해당하는 테이블과 매핑(Mapping) 관계를 설정하게 되는데, 이렇게 설정된 매핑 정보가 메타데이터에 해당된다.

그래서 OLAP시스템은 위의 매핑 정보를 담고 있는 메타데이터를 관리하기 위해 별도의 데이터베이스 관리시스템(DBMS)이 필요하고, 이 시스템을 유지 관리하기 위한 정책도 추가적으로 필요하게 된다.

OLAP에서 관리하는 메타데이터의 유형에 대해서 좀 더 살펴보자.

앞의 예시와 같이 유통회사에서는 단순 고객 정보뿐만 아니라, 고객의 월 평균 구매액, 최빈 구매시간, 최대 구매횟수 등의 데이터도 필요하다. 이런 정보는 실제 구매 관련 거래 데이터로부터 가공해 해당 데이터를 얻을 수 있다 가공 과정을 보면, 월평균구매금액은 거래 테이블에서 한 달치 데이터를 읽어서 구매한 금액을 합산하고, 구매 건수로 나누어서 구할 수 있는 값이다. 월평균구매금액은 이와 같이 계산될 수 있도록 {월평균구매금액 = SUM(구매금액) / COUNT(구매ID)}을 설정하는 산식 정보가 필요하다. 이렇게 설정된 계산식의 매핑 정보도 메타데이터에 해당하며, 사용자는 해당 메타데이터를 통해 월평균구매금액 산출 정보를 확인하여 상황에 맞게 자유롭게 이용할 수 있게 된다.

앞 예제에서 보듯이 메타데이터는 다양한 정보를 관리할 수 있다. 메타데이터로 관리되는 정보는 많은데, 여기서는 관점과 지표에 대해서만 간략하게 언급하려고 한다.

- 관점 : 고객, 고객 나이, 고객 거주지 등 개체(Entitiy)에 대한 속성(Attribute) 정보를 관리한다.
- 지표 : 구매금액, 구매횟수, 평균구매액 같이 Sum, Count 등의 연산을 통해 제공되는 값(Metric) 정보를 관리한다.

앞으로 얘기하게 되는 분석 시나리오는 대부분 이 관점과 지표들의 조합으로 진행된다. 해당 용어에 대해서는 관심을 가지고 봐주면 좋겠다.

OLAP 분석 이야기

분석은 데이터가 있어야 진행이 된다. 간단하게 다음과 같은 데이터를 가지고 진행해보자. 예시로 사용할 회사는 게임 콘텐츠를 공급하는 회사이고, 이 회사에서 신규 상품이 출시되었을 때 캠페인을 시행하여 어떤 고객계층을 공략할지를 고민한다고 가정해 보자. 여러분은 이 회사가 공략할 시장을 찾기 위해 다음과 같은 몇 가지 시나리오를 세우고 분석을 진행할 것이다.

- 시나리오 1: 우리 회사의 게임 콘텐츠 매출 규모는 어느 정도인가?
- 시나리오 2: 우리 회사의 게임 콘텐츠를 소비하는 연령층은 어떻게 구성되어 있는가?
- 시나리오 3: 우리 회사의 게임 콘텐츠는 전체 사용자 대비 매출액이 어느 정도인가?
- 시나리오 4: 우리 회사의 게임 콘텐츠의 연령별 평균 매출은 어느 정도인가? 또 성별 평균 매출은 어떤 분포를 띠고 있는가?

- 시나리오 5: 우리 회사의 게임 콘텐츠 매출 상위 10%에 해당하는 고객은 어떤 특징을 가지고 있고, 고객별 매출액은 어느 정도인가?
- 시나리오 6: 우리 회사의 상위 10위권 매출을 일으키는 게임 콘텐츠는 어떤 것이 있으며, 전체 매출에서 차지하는 비중은 어느 정도인가?

여기서 등장하는 다양한 시나리오가 일반적으로 OLAP 다차원 분석에 해당된다. 다차원이라 함은 분석 차원이 다수 개의 관점 주제로 이루어져 있다는 의미이다. 여기서 다차원에 해당하는 내용을 찾아보자.

다차원을 이루는 관점은,

- 매출년도 : 매출실적을 추출할 때 기준이 되는 시간 차원 관점
- 고객 : 상위10%에 해당하는 매출실적을 집계하는 기준이 되는 고객 차원 관점
- 연령 : 매출실적을 연령별로 구분해서 집계하는 기준이 되는 고객 차원 관점
- 성별 : 매출실적을 성별로 구분해서 집계하는 기준이 되는 고객 차원 관점
- 콘텐츠 : 매출실적을 콘텐츠 별로 구분해서 집계하고 , 매출실적이 높은 순에서 낮은 순으로 정렬하는 기준이 되는 콘텐츠 차원 관점

해당 차원들로 매출실적을 다양하게 집계할 수 있다.

앞에서 언급한 다차원에 대한 내용을 도식화해 보자.

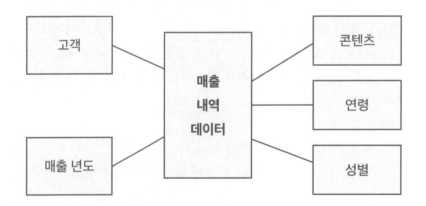

여기서 매출 내역 데이터를 OLAP에서는 보통 팩트(Fact) 테이블이라 부른다. 이 팩트(Fact) 테이블과 차원의 관계 그림으로 다차원모델링 기법에 대해서 명명하기도 한다. 일반적으로 다차원 모델 기법에는 그려진 모델 모양이 별 모양과 같다고 해서 스타(Star) 모

델과 눈꽃 송이 모양을 담았다고 해서 스노우플레이크(Snowflake) 모델 그리고 이 둘을 섞어 만든 하이브리드(Hybrid) 모델이 있다. 사용하는 OLAP 솔루션 종류에 따라서 선호하는 모델링 기법이 다르다.

OLAP 모델링 기법

OLAP에서 사용하는 모델링 기법에 대해서 알아보자. 주로 두 가지 모델을 사용한다.

스타 스키마(Star Schema) 모델

먼저 스타 스키마(Star Schema) 모델의 특성에 대해서 살펴보자. *

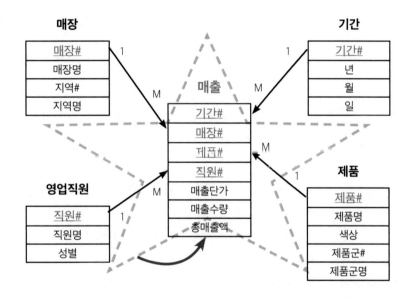

첫째, 해당 모델은 팩트(Fact) 테이블을 기준으로 개별 차원의 디멘젼(Dimension) 연결 상태가 별 모양 형태를 띤다.

둘째, 팩트(Fact) 테이블은 각 차원의 디멘젼 키(Key) 조합으로 구성된다.

셋째, 계층 관계를 가지는 차원 디멘젼은 디멘젼 내의 계층 정보를 관리하기 위해 디멘젼 '레벨(Level)'이라는 상세 속성 키(Key) 정보를 가진다. 다만, 위의 예시에서는 계층 정보는 보여주지 않고 있다.

넷째, 모델이 단순해서 이해하기 쉬우며 생성되는 쿼리문장에서는 조인 문장이 적게 나타난다.

---

* http://itwiki.kr/images/5/54/%EC%8A%A4%ED%83%80_%EC%8A%A4%ED%82%A4%EB%A7%88_%EC%98%88%EC%8B%9C.gif

스노우플레이크 스키마(Snowflake Schema) 모델

다음으로 눈꽃 모양인 스노우플레이크 스키마(Snowflake Schema) 모델의 특성에 대해서 살펴보자. *

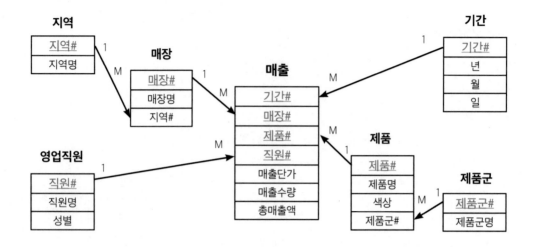

첫째, 해당 모델은 팩트(Fact) 테이블을 기준으로 각 차원의 디멘젼(Dimension) 연결 상태가 눈꽃 모양 형태를 띤다.

둘째, 팩트(Fact) 테이블은 각 차원의 디멘젼 키(Key) 조합으로 구성된다.

셋째, 계층 관계를 가지는 차원 디멘젼은 개별 차원 테이블로 구성된다. 이 부분이 스타 스키마 모델과의 차이점이다.

넷째, 차원의 테이블 수가 많아서 생성되는 조인 쿼리 문장이 복잡하다.

위의 예제에서 제시된 스노우플레이크(Snowflake) 모델에서는 지역별 매출액 조회 시 지역+매장+매출 테이블 간의 조인이 발생한다.

그러나 스타(Star) 모델에서는 매장 + 매출 테이블 조인만 발생한다.

스노우플레이크(Snowflake) 모델 특성상 많은 차원 정보가 필요한 경우는 그만큼의 차원 테이블과의 조인이 발생하는 단점이 있다.

다음으로는 분석 시나리오에 대한 접근 방법을 고민해보자.

최근 3년 매출 기준으로 신규 콘텐츠 상품의 광고 전략을 세운다고 하자. 기존 유사 콘텐츠의 매출 현황을 파악하면서 그 동안 어떤 대상 고객들이 잘 반응했는지 살펴보면 좋을 것이다.

---

* http://itwiki.kr/images/7/7e/%EC%8A%A4%EB%85%B8%EC%9A%B0%ED%94%8C%EB%A0%88%EC%9D%B4%ED%8
1%AC_%EC%8A%A4%ED%82%A4%EB%A7%88_%EC%98%88%EC%8B%9C.gif

- 시나리오 1: 최근3년간의 연도별(월별) 매출액 관계를 살펴보자.
- 시나리오 2: 콘텐츠별 연도별 매출액 관계를 살펴보자.
- 시나리오 3: 성별 연도별 매출액 관계를 살펴보자.

이렇게 OLAP은 여러 차원을 이용해 실시간으로 매출액 관계를 확인할 수 있도록 해주며, 이런 관계들을 파악하면서 의사결정에 필요한 정보를 제공한다. 여기서는 신규 콘텐츠와 유사한 기존 콘텐츠의 매출현황 정보를 파악해서 예상 매출 규모 및 신규 콘텐츠 광고 전략 수립에 활용할 수 있다.

다른 분석 시나리오를 하나 더 살펴보자
전년도 매출 기준으로 올해 예상 매출액을 구해보자. 먼저 매출액에 영향을 미치는 요인들을 살펴보는 시나리오를 작성해 보자.

- 시나리오 1: 연도별 매출액 관계를 살펴본다.
- 시나리오 2: 환율별 매출액 관계를 살펴본다.
- 시나리오 3: 상품가격대별 매출액 관계를 살펴본다.

실시간으로 여러 차원과 매출액 관계를 확인하면서 각 차원의 관계들을 파악하여 의사결정에 필요한 정보를 확인할 수 있다.
매출액에 영향을 미치는 요인을 찾았으면 이를 바탕으로 회귀분석을 적용하여 예상 매출액을 구하면 된다.

OLAP 시스템 구성

OLAP은 어떻게 작동하는 것일까?
OLAP 시스템 구성도부터 살펴보자. OLAP이 작동하려면 OLAP 사용자(웹브라우즈, Client Tool)가 있어야 한다. 또한, 관점과 지표를 관리하는 메타데이터 DB도 있어야 한다. 그리고, 메타데이터에서 관점과 지표를 SQL로 파싱(Parsing)하는 OLAP 서버 엔진이 있어야 하며, 웹으로 결과를 제공하기 위해서는 웹 서버가 있어야 한다. 그림으로 보면 다음과 같은 구성이다.

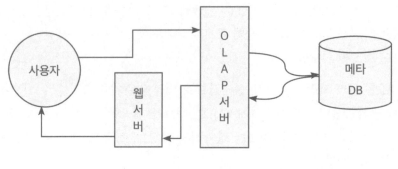

[OLAP 구성도]

그리고, 여기에 OLAP서버엔진에서 생성한 SQL문장을 수행할 DW DB (Data Warehouse DataBase)가 있어야 OLAP 이 작동하기 위한 전체적인 구성도가 완성된다.

정리해보면, OLAP 시스템이 운영되려면 다음과 같이 구성돼야 한다.

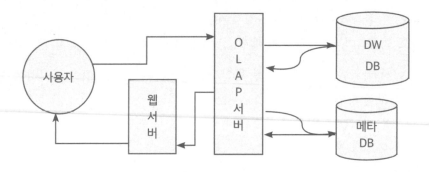

[OLAP 과 DW구성도]

다음은 OLAP구축 제안서에 흔히 나오는 구성도이다. *

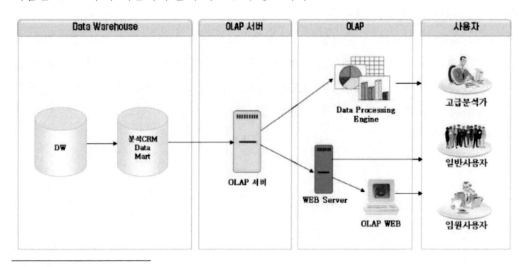

---

* https://cdn.digitaltoday.co.kr/news/photo/200907/11(2).jpg

OLAP과 메타데이터 관계

다음으로 OLAP 필수 구성 요소인 메타데이터 DB에 대해 알아보자.

메타데이터 DB는 OLAP시스템의 핵심인 메타데이터를 관리하는 저장소이다. 메타DB로는 오라클, SQLServer , MySQL, MariaDB, PostgreSQL 등을 많이 사용한다.

왜 해당 DBMS들을 많이 사용하는 걸까? 메타데이터 관리를 위한 특징이 별도로 있는 것일까?

메타데이터는 소수의 테이블로 OLAP 작동에 필요한 모든 정보를 관리해야 하기 때문에 생성되는 쿼리가 복잡하다. 그래서 복잡한 쿼리 즉 조인이 많은 쿼리에 대해서 성능(Performance)이 좋아야 하고, 메타데이터의 신규, 수정, 삭제가 용이해야 한다. 이런 사유로 대용량 처리 DBMS보다 트랜잭션 위주의 처리가 용이한 DBMS를 선택해서 사용하게 된다. 한마디로 트랜잭션 처리를 잘 할 수 있는 DB를 선호하는 것이다.

또한, 메타데이터의 사이즈가 적기 때문에 굳이 대용량 DB를 사용할 필요가 없다. 그래서 오픈DBMS를 사용해도 큰 문제가 없기에 요즘은 오픈 DBMS를 주로 사용하는 추세다. 유지보수 및 기술지원 측면에서는 유료 DB를 사용하는 것이 당연히 유리하지만, 라이선스 및 유지보수 비용이 비싸기 때문에 어느 정도 기술력만 있다면 무료인 오픈 DBMS를 선택하는 사례가 늘어나고 있는 것 같다.

OLAP과 DW 관계

다음은 OLAP을 작동하기 위해 필요한 요소인 DW에 대해 알아보자.

DW (Data Warehouse)는 메타데이터를 관리하는 DBMS와는 달리 대용량 데이터베이스를 처리해야 한다. 그래서 대량 트랜잭션 처리에 효율적인 DBMS를 주로 사용하게 된다. 예로 SAP IQ(Sybase IQ), Teradata, Vertica, Redshift, Oracle, DB2 등이 있다.

DW DBMS를 어떤 것을 선택하느냐에 따라서 데이터 처리 성능에 차이가 발생하기 때문에 OLAP상에서 요청한 리포트 조회 속도도 그만큼 차이가 나게 된다. OLAP시스템에서 리포트를 조회하지만 실제로는 DW의 처리 속도에 의해 결과 제공 시간이 달라지게 되는 것이다. 그래서 DW 용 DBMS를 잘 선택해서 사용해야 한다. 각 회사가 보유한 데이터 사이즈에 따라 적당한 DBMS를 선택해야 충분한 시간 내에 사용자에게 응답시간이 보장될 수 있다. OLAP 시스템을 사용하는 경우 이 응답시간이 충분히 보장되어야 사용자가 계속해서 분석을 이어갈 수 있게 된다. 응답시간이 너무 느리면 분석의 흐름이 끊기게 되어 OLAP 시스템을 이용하는 수요(Needs)가 감소하게 될 것이다.

OLAP 작동 내부 구조

다음으로 OLAP이 작동하는 내부 구조를 살펴보자.

OLAP은 사용자에게 기본적으로 필요한 정보를 데이터저장소(DW, 기타 데이터파일 등)에서 즉시 추출하는 기능을 제공하는 시스템이다. DW 같은 데이터 저장소에서 즉시 추출하려면 일단 DW DBMS에서 사용 가능한 SQL문장이 작성되어야 하고, 이 SQL문장이 수행되어서 결과를 돌려받게 된다.

일반적으로 OLAP에서 파싱(Parsing)되는SQL은 국제 표준 SQL로서 DBMS 종류에 상관없이 다 지원된다는 특징이 있다. 그래서 솔루션인 것이다.

표준 SQL이라 함은 각 DBMS(DB2, Oracle, PostgreSQL…)별로 상이하게 사용하는 SQL을 미국 표준 협회(American National Standards Institute)에서 공통적으로 사용할 수 있는 구문으로 표준화해 놓은 SQL 문장을 말한다.

여기서 표준 SQL로 만드는 과정을 살펴보자.

SQL을 생성하려면 먼저 테이블 및 칼럼 정보를 인식해야 한다. 수많은 데이터를 담고 있는 DW에서 필요한 테이블 및 칼럼 정보를 찾으려면 어떤 정보가 있어야 할까?

이는 사용자가 정의하는 리포트에서 출발한다. 리포트에는 관점과 지표, 필터 등의 정보가 포함되어 있다. 관점은 SQL상의 Group By 안에 포함되는 칼럼 정보에 매핑되고, 지표는 Sum , Count , Min , Max 등의 Group 함수와 함께 사용되는 칼럼 정보로 매핑된다. 또한 필터는 Where 절에 해당하는 조건식에 사용되는 칼럼 정보로 매핑이 되는 구조다.

이 매핑 관련 흐름을 좀 더 자세히 들여다보자.

지표에 의해서 먼저 테이블을 식별할 수 있다. 일반적으로 지표는 고유 수치 값을 나타낸다. 예로, 고유 수치 값으로 계약금액과 청구금액이 있다고 하자. 계약금액은 고객이 거래 즉 계약을 개시할 때 체결된 금액을 의미한다. 일반적으로 이런 행위를 거래(transaction)라고 하는데, 거래 행위가 발생하는 건별로 데이터를 적재할 것이고, 이렇게 쌓인 거래 데이터에 있는 고유 수치 값을 계약금액이라고 한다. 또한 청구금액은 계약 거래가 일어난 후 약속된 청구 시점(거래 후 1개월 또는 수시)에 고객에게 청구하는 금액을 말한다. 이렇게 지표는 고유 행위의 내용에 따라 부르는 결과값이라 보면 된다. 그래서 이 고유 수치 값에 해당하는 데이터를 적재하는 테이블은 구별이 되기 때문에 지표와 테이블은 매핑이 가능하다. 물론, 단일 테이블이 아니라 여러 테이블이 존재할 수 있을 것이다. 예로 기본적인 트랜잭션 내역을 저장하고 관리하는 테이블이 있을 수 있고, 이 테이블을 가지고 단순 집계한 테이블도 있을 것이며, 다른 목적으로 특수한 대상만을 가지고 집계한 테이블도 있을 수 있다. 여기서 단순 테이블 및 단순 집계 테이블에 존재하는 지표는 동일한 내용으로 분류해도 되지만, 다른 목적으로 특수 조건에 의해 집계한 테이블 상의 지표는 여기서 말하는 고유 수치 값 지표에 해당하지 않고, 특수 목적에 맞는 고유 수치 값을 가지므로 별도의 고유 지표명을 부여해서 관리해야 하는 대상이 되는 것이다. 그래야 고유 수치 값에 해당하는 지표와 테이블 간의 매핑이 가능한 것이다. 엄밀히 말하면 고유 수치 값에 해당하는 지표는 테이블 내의 특정 칼럼에 매핑이 된다고 할 수 있게 된다.

정리하자면, 지표는 테이블과 칼럼과 Group함수(Sum, Count, Min, Max,…) 정보를 이용하여 물리적인 SQL 문장 생성이 가능한 것이다.

다음으로 관점은 어떻게 물리적인 컬럼 정보와 매핑이 가능한 것인지 알아보자.

관점은 지표값을 가져올 때 지표를 세분화해서 가져오도록 하는 항목 정보이다. 그래서 SQL로 전환 시에 Group by 절에 포함되어 지표를 가져오도록 매핑된다. 해당 Group by 절에 포함되려면 지표와 같은 테이블에 있어야 세분화 요건으로 가능하다. 그래서 관점은 지표가 있는 테이블의 칼럼과 매핑(Mapping)이 되는 구조가 된다.

정리하자면 관점은 지표가 있는 테이블과 동일 테이블 내 관점 용 칼럼 속성들을 이용하여 Group by 절 및 대칭되는Select 항목 칼럼으로 사용되는 것이다. 그리고 테이블은 일반적으로 정규화 되어 있어 코드 중심의 칼럼 값만 보관하고 있다. 팩트(Fact)용 거래(Transaction) 테이블에 코드명까지 같이 픽새뇌어 있다면 코드명 변경이 일어날 때마다 그 많은 팩트(Fact) 테이블 내 데이터를 수정해야 하므로, 이는 데이터 모델링 측면에서 지양하는 부분이다. 그래서 대부분의 팩트(Fact) 테이블은 정규화된 형태로 코드 칼럼 위주로 관리하고 있다. 그런데 관점은 테이블 내에 있는 칼럼 코드 값을 보여주게 되면 사용자는 해당 코드 값을 이해하기 어렵다. 물론 시스템을 담당하는 IT개발자는 이해가 가능하나, 일반 사용자는 코드를 보고 정보를 파악할 수는 없다. 그래서 일반 사용자를 위해 관점은 코드 값에 해당하는 설명을 관리하는 테이블을 별도로 제공해야 한다. 이 테이블을 참조용 테이블이라 하여 Lookup Table이라 부른다. 이 참조(lookup) 테이블을 추가로 조인에 참여시켜서 코드에 대한 설명 칼럼을 제공할 수 있도록 SQL문을 변형하게 된다.

여기서 다시 정리하면 관점은 지표 테이블 내의 칼럼과 매핑 되고, 추가로 참조(Lookup) 테이블을 조인에 참여시켜 코드 설명용 칼럼을 가져오도록 매핑한다. 물론 조인키(Join key)로 지표테이블.칼럼 = 참조테이블.칼럼 을 사용하며 Group by 절 및 대칭되는Select 항목 칼럼으로도 사용된다.

또한, 관점은 지표와 달리 여러 테이블에서 공통으로 사용된다. 그래서 특정 테이블에 매핑이 안 되고, 다수 테이블로 매핑이 되는 관계를 형성한다. 이 다수 테이블 중의 하나로 매핑이 되게 하는 기준이 바로 지표에 의해서 결정된다고 보면 된다.

여기까지 관점이 SQL로 변환되는 매핑 구조를 살펴보았다.

다음으로 필터를 SQL로 변환하는 구조를 살펴보자.

필터는 데이터를 추출하는 기준으로 사용된다. 그래서 결과 쿼리 문장에서 Where절에 포함되어야 하는 칼럼 및 함수 조건 절로 매핑 된다.

예로 2021년12월말 가입고객수를 추출하는 경우를 가정해 보자.

여기서는 2021년12월말이 조건에 해당하는 필터 부분이다. 이는 가입고객수를 관리하는 테이블에서 적재 기준월이 2021년12월에 해당하는 데이터를 가져오도록 제한하는 기능을 하는 조건에 해당된다.

정리하자면, 필터는 Where 절의 SQL문장으로 최종 구현되며, 과정은 지표 테이블 내의 칼럼에 매핑 되어 비교연산자나 함수를 사용하여 SQL 문장으로 파싱된다.

사실 필터도 관점이나 지표를 가지고 조건표현식이 만들어지기 때문에 물리적 테이블을 찾는 과정은 관점, 지표의 기준 테이블을 그대로 사용하게 된다. 그러므로 지표는 OLAP에서 굉장히 중요한 항목이며 쿼리를 만들어내는 기준 요인이다. 지표 없는 쿼리는 단순하게 관점이 어떤 값으로 되어 있는지 확인하는 경우에만 사용되며, 이런 경우 단순히 참조(Lookup) 테이블에서만 조회하면 된다.

필터는 앞의 예제처럼 간단한 조건일 때도 있지만 복잡한 조건이 필요한 경우도 있다. 가령, 연매출액이 10만원이상 고객들의 성별 연령대별 고객분포도를 본다고 하자.

먼저 연매출액이 10만원 이상인 고객 추출이 필요하다.

해당 조건을 처리하려면,

  (1) 고객별로 연매출액을 구하고,

  (2) 위의 결과에서 10만원 이상인 조건을 별도 처리해야 한다.

  (3) 그런 후 해당 결과 고객만을 대상으로 하여 최종 고객 속성별로 Count 처리해서
    고객 수를 구해야 한다.

이렇게 필터가 여러 번의 처리가 필요한 경우는 DBMS별로 고유 처리 방식을 이용해야 하는데, (1)~(3)번 조건을 처리하기 위해서 임시 테이블(Temporary table) 등의 생성을 필요로 하게 되고, 이런 임시 테이블 생성 방식은 각 DBMS마다 사용하는 방식이 다르기 때문에 내부에 사용되는 SQL문장도 달라진다. 그래서 사용하는 DW DBMS의 특징을 잘 파악할 필요가 있다.

실제 해당 임시 테이블 생성 부분은 OLAP 시스템에서 자동으로 SQL구문을 만들어주는데, 이는 초기 OLAP시스템 구성 시에 DW DBMS로 어떤 종류를 사용하는 지 그리고 어

떤 버전(Version)을 사용하는 지에 대한 정보를 설정하는 부분이 있어서 가능한 것이다. 이 영역은 OLAP의 SQL 생성 엔진에 해당되는 영역이다.

이렇게 하여 OLAP의 리포트가 물리적인 SQL로 파싱되어 DW 상에서 데이터를 추출하는 내부 구조를 살펴보았다.

OLAP 제공 서비스

다음으로 OLAP이 제공하는 서비스 기능에는 어떤 것이 있는지 알아보자.
대략적으로

- 리포팅 서비스 기능
- 다운로드 서비스 기능
- 사용자 및 롤(Role)관리 서비스 기능
- 보안 서비스 기능
- 통계 서비스 기능
- 부가서비스 기능 (Mail Service, Transaction Service,..)

들이 있는데 가가에 대체 간단히 날펴보려고 한나.

리포팅(Reporting) 기능

OLAP이 제공하는 주요 기능이 사용자가 원하는 리포트를 생성해서 데이터를 활용하는 기능이다. 여기서 필요한 리포트의 종류는 다양하다. 단순한 리포트에서부터 복잡한 리포트까지 사용자마다 요구하는 수준이 다를 것이다.

리포트 생성

리포트는 어떻게 만들어지는가? 리포트 생성 기능에 대해서 알아보자.
리포트는 기본적으로 보고자 하는 내용이 담기는 템플릿과 해당 내용의 추출 기준이 되는 필터로 이루어져 있다.
즉 리포트 = 템플릿 + 필터
템플릿에는 보고자 하는 내용 즉 최종적으로 보여질 데이터 (관점, 지표)들로 구성된다.
관점은 보고자 하는 데이터 항목에 해당하고, 지표는 보고자 하는 결과 수치를 의미한다.
예로 2022년 기준 성별 연령대별 보유 고객 수 정보를 추출한다고 하자. 여기서 '성별',

'연령대별' 이 관점에 해당하고, '고객 수'가 지표에 해당한다.

필터는 원하는 데이터 값(관점, 지표)을 추출할 때 기준이 되는 데이터 조건들에 해당한다. 위의 예제에서 '2022년'이 고객수를 추출하는데 필요한 판단 기준 조건에 해당된다. 실제로 회사에서 매년 월 단위로 보유고객수를 저장하고 있다고 할 때, 고객수 추이를 분석하고자 하는 분석 수요에 의해 해당 데이터를 매월 적재하고 있는 경우, 2022년 최근 월에 해당하는 데이터를 추출할 수 있는 조건 '2022년 1월'을 사용해야 정확한 데이터 추출이 가능하게 된다.

여기서 필터에 대해서 좀 더 알아보자. 실제 리포트 생성이 어려운 경우는 이 필터 조건을 얼마나 잘 처리하는지에 따라서 OLAP 시스템의 유연성이 판가름 된다.

다음과 같은 분석 시나리오를 생각해보자.

"연매출액이 10만원이상 고객들의 성별 연령대별 고객분포도를 알아본다."

해당 시나리오의 결과를 얻기 위해서는 OLAP 시스템은 아래와 같은 논리적 단계를 거쳐야 한다.

먼저 연매출액이 10만원 이상인 고객 추출이 필요하다. 해당 조건을 처리하려면, (1)고객별로 연매출액을 구하고, (2)여기서 10만원 이상인 조건을 별도 처리해야 한다. 그런 후 (3) 결과 고객들 대상으로 고객 속성 관점 별로 고객 수를 Count 처리해야 한다.

(1)번부터 (3)번까지 처리한 결과는 DBMS의 처리방식에 따라 여러 가지의 SQL형태로 나올 수 있지만, 여기서는 물리적인 부분보다 논리적인 설계 방향에 초점을 맞춰보자.

리포트를 이용하여 (1)~(2)번까지의 과정을 설계해 보자.

아래와 같이 설계된 리포트는 '(필터)매출액이 10만이상인 고객 추출' 이라고 저장해두자.

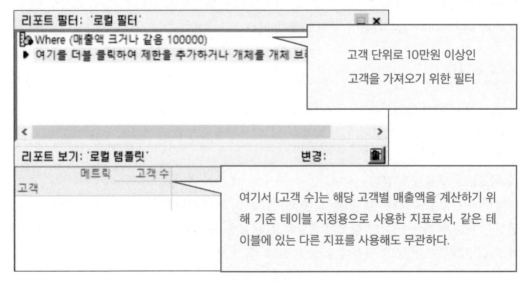

[리포트 생성 화면 1]

'(필터) 매출액이 10만이상인 고객 추출' 리포트는 SQL 문장으로 파싱(Parshing)되면 다음과 같은 쿼리가 만들어질 것이다.

```
select       a11.[CUSTOMER_ID] AS CUSTOMER_ID
from         [ORDER_DETAIL]  a11
group by     a11.[CUSTOMER_ID]
having       (sum(a11.[UNIT_PRICE] *a11.[QTY_SOLD] )) >= 100000
```

*여기서 [ORDER_DETAIL]이 매출액이 있는 물리적인 테이블이고, sum(a11.[UNIT_PRICE] *a11.[QTY_SOLD])이 매출액에 해당하는 물리 칼럼으로 매핑되어 생성된 구문이다.
즉 매출액 = [단가]* [판매 수량] 으로 계산됨. 여기서 매출액은 지표이기에 GROUP 함수 SUM을 취하고 있다.

좀 더 진행해서 (3)번 리포트까지 만들어 보자. 앞에서 생성한 리포트 '(필터)매출액이 10만이상인 고객 추출'을 필터로 사용하여 최종 결과 화면을 설계해 보자.

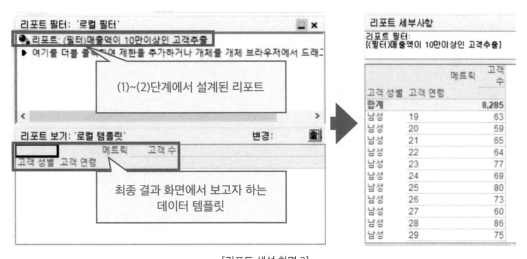

[리포트 생성 화면 2]

이 최종 결과 화면에 의해 생성된 SQL 문장은 다음과 같다.

```
create table ZZMQ00 (
     CUSTOMER_ID      LONG)
insert into ZZMQ00
select        a11.[CUSTOMER_ID] AS CUSTOMER_ID
from          [ORDER_DETAIL]  a11
group by      a11.[CUSTOMER_ID]
having        (sum(a11.[UNIT_PRICE] * a11.[QTY_SOLD])) >=  100000  --
'매출10만원 이상 사용 고객 추출'


select        distinct a13.[AGE_YEARS] AS CUST_AGE,
              a13.[GENDER_ID] AS GENDER_ID,
              a11.[CUSTOMER_ID] AS WJXBFS1
from          [CUSTOMER_SLS] a11,
              [ZZMQ00]          pa12,   --' 위에서 생성된 임시 테이블(필터 조건) 조인'
              [LU_CUSTOMER]  a13
where         a11.[CUSTOMER_ID] = pa12.[CUSTOMER_ID] and
              a11.[CUSTOMER_ID] = a13.[CUSTOMER_ID]
```

실제 다양한 필터에 의해 많은 유형의 리포트가 생성될 수 있다.

관점 그룹핑

위의 최종 결과 화면에서 고객 연령이 연령대로 그룹핑(Grouping)이 된 게 아니라 그냥 연령 그 자체가 보여주고 있는 것을 확인할 수 있다. 연령이 아니라 연령대별로 다시 재그룹핑(Re-Grouping)이 필요하다.

연령대 그룹핑의 기준을 세워보자.
1) 5세 단위 : 10-15, 15-20, 20-25,..
2) 10세 단위 : 10-20, 20-30, 30-40, …
3) 기타 단위 : 10-19, 19-25, 25-30, …
등 분석 필요에 맞게 여러 가지 기준으로 그룹핑이 가능하다.

리포트 세부사항		
리포트 필터: {(필터)매출액이 10만이상인 고객추출}		
		메트릭 고객 수
고객 성별	고객 연령	
합계		8,285
남성	19	63
남성	20	59
남성	21	65
남성	22	64
남성	23	77
남성	24	69
남성	25	80
남성	26	73
남성	27	60
남성	28	86
남성	29	75

[관점 그룹핑 화면1]

앞의 최종 결과에서 고객 연령이 10세 단위 연령대로 그룹핑이 된 결과 화면을 보자.

OLAP에서는 기초 자료 데이터를 활용해서 자유롭게 그룹핑(Grouping)이 가능하다. 관점 데이터뿐만 아니라, 지표 값에 대해서도 해당 그룹핑 기능이 가능하다. 또한 그룹핑을 별도의 관점으로 저장하여 다른 리포트에서도 재사용이 가능하다.

리포트 세부사항		
리포트 필터: {(필터)매출액이 10만이상인 고객추출}		
		메트릭 고객 수
고객 성별	연령대(10세단위)	
합계		8,285
남성	10대	63
남성	20대	708
남성	30대	783
남성	40대	798
남성	50대	759
남성	60대	758
남성	70대	758
여성	10대	41
여성	20대	570
여성	30대	625
여성	40대	612
여성	50대	608
여성	60대	637
여성	70대	565

[관점 그룹핑 화면2]

지표 그룹핑

다음과 같은 시나리오가 주어진다고 하자.
- 고객이 소비하는 매출 수준별로 고객분포도를 알아보자.
해당 시나리오를 가지고 리포트를 만들어보자.
먼저 (1) 고객별 매출액을 계산한다.
(2) 매출금액대별로 고객을 분류한다.
(3) 분류한 고객 단위로 고객을 Count 해서 결과로 보여준다.

먼저 (1)~(2) 단계를 설계해보자.

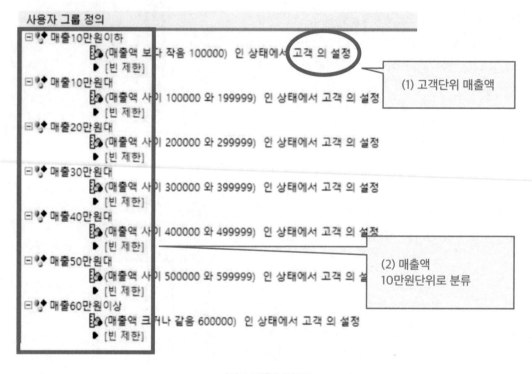

[지표 그룹핑 화면 1]

지표의 그룹핑에 대한 SQL 파싱 방법은 좀 더 복잡하다. 각 그룹핑 마다 개별 쿼리 문장이 생성되는 구조이다. 즉 지표에 대한 각각의 그룹핑은 개별 리포트 추출 결과에 해당한다고 보면 된다.
아래는 파싱된 결과 SQL문장이다.

```
* 1) 고객별 매출액을 저장할 임시 테이블을 생성한다.
create table ZZMQ00 (
        CUSTOMER_ID     LONG,
        SALES           DOUBLE)
```

```
* 2) 매출금액대별 조건에 해당하는 고객을 읽어서 임시테이블에 저장한다.
insert into ZZMQ00
select          a11.[CUSTOMER_ID] AS CUSTOMER_ID,
                (sum(a11.[UNIT_PRICE] * a11.[QTY_SOLD])) AS SALES
from            [ORDER_DETAIL]  a11
group by        a11.[CUSTOMER_ID]
having          ((sum(a11.[UNIT_PRICE] * a11.[QTY_SOLD])) < 100000.0
 or (sum(a11.[UNIT_PRICE] * a11.[QTY_SOLD])) between 100000.0 and 199999.0
 or (sum(a11.[UNIT_PRICE] * a11.[QTY_SOLD])) between 200000.0 and 299999.0
 or (sum(a11.[UNIT_PRICE] * a11.[QTY_SOLD])) between 300000.0 and 399999.0
 or (sum(a11.[UNIT_PRICE] * a11.[QTY_SOLD])) between 400000.0 and 499999.0
 or (sum(a11.[UNIT_PRICE] * a11.[QTY_SOLD])) between 500000.0 and 599999.0
 or (sum(a11.[UNIT_PRICE] * a11.[QTY_SOLD])) >=  600000.0)
```

```
*3) 각 매출금액대별로 임시 테이블을 생성해서 최종 결과에 제공해야 하는 고객정보로 고객을 분류하
여 임시 테이블에 적재한다.
아래 예제는 매출금액대가 10만원미만인 고객 추출 쿼리문장이다.

가. (10만원미만인 고객)결과를 담을 임시 테이블 생성
create table ZZOT01 (
        GENDER_ID       LONG,
        CUSTOMER_ID     LONG)

나. (10만원미만인 고객)결과를 임시테이블에 담는 적재
insert into ZZOT01
select          distinct a13.[GENDER_ID] AS GENDER_ID,
                a11.[CUSTOMER_ID] AS CUSTOMER_ID
from            [CUSTOMER_SLS] a11,
                [ZZMQ00]        pa12,
                [LU_CUSTOMER]   a13
where           a11.[CUSTOMER_ID] = pa12.[CUSTOMER_ID] and
                a11.[CUSTOMER_ID] = a13.[CUSTOMER_ID]
 and            pa12.[GODWFLAG1_1] < 100000.0
```

```
select          pa11.[GENDER_ID] AS GENDER_ID,
                max(a12.[GENDER_DESC_KO]) AS GENDER_DESC_KO,
                count(*) AS CUSTOMER_CNT
from            [ZZOT01]        pa11,
                [LU_GENDER]     a12
where           pa11.[GENDER_ID] = a12.[GENDER_ID]
group by pa11.[GENDER_ID]
```

* 각 매출금액대별로 (가)~(다) 번 과정을 되풀이한다.

이렇게 만들어진 결과를 취합하여 최종 결과화면에서는 지표의 각 그룹핑별 정보를 제공한다.

리포트 세부사항

리포트 제한:
빈 필터

		메트릭
고객 성별	매출액그룹핑	고객 수
남성	매출10만원이하	991
남성	매출10만원대	981
남성	매출20만원대	881
남성	매출30만원대	771
남성	매출40만원대	626
남성	매출50만원대	437
남성	매출60만원이상	931
남성	합계	5,618
여성	매출10만원이하	724
여성	매출10만원대	755
여성	매출20만원대	725
여성	매출30만원대	573
여성	매출40만원대	523
여성	매출50만원대	346
여성	매출60만원이상	736
여성	합계	4,382
합계		10,000

[지표 그룹핑 화면 2]

정렬

OLAP에서는 정렬 기능을 제공한다. 정렬(Sorting)은 관점 기준 또는 지표 기준으로도 가능하다. 또한 관점도 단일 관점 또는 복합 관점의 순서로도 정렬이 가능하다.

아래 화면에서 고객 성별-> 연령대 ->고객 수 기준으로 내림차순 정렬해보자.

리포트 필터: {(필터)매출액이 10만이상인 고객추출}		
메트릭		고객 수
고객 성별	연령대(10세단위)	
합계		8,285
여성	70대	565
여성	60대	637
여성	50대	608
여성	40대	612
여성	30대	625
여성	20대	570
여성	10대	41
남성	70대	750
남성	60대	758
남성	50대	759
남성	40대	798
남성	30대	783
남성	20대	708
남성	10대	63

[정렬 화면]

결과를 보면 고객 성별, 연령대별로 이미 정렬이 되어 있으나 **고객 수** 지표에 대해서는 내림차순 정렬이 되어 있지 않다. 이는 정렬 요청 순서에 의해서 자동으로 정렬 기준에 참여하는 관점을 잘 지정해야 한다. 남녀 성별 및 연령대에 관계없이 고객 수 기준으로 정렬을 요청하려면 정렬 조건에 고객 수만 넣고 내림차순 정렬을 요청해야 적용된다.

파생 지표 (백분율)

OLAP에서는 기존 지표를 이용해 새롭게 재가공한 파생 지표(Derived Metric)를 만들 수 있다. 파생 지표로는 백분율, 순위, 변형 등이 있다. 파생 지표는 그 의미 전달이 명확해야 하고, 생성 기준에 대한 정보를 충분히 제공해야 한다.

[전체 총합계(고객 수)의 백분율] 이라는 파생 지표를 만들어보자.

[파생지표 화면 1
- 전체 총합계(고객 수)의 백분율]

리포트 세부사항

리포트 제한:
빈 필터

		메트릭	
고객 성별	매출액그룹핑	고객 수	전체 총합계(고객 수)의 백분율
남성	매출10만원이하	991	9.91%
남성	매출10만원대	981	9.81%
남성	매출20만원대	881	8.81%
남성	매출30만원대	771	7.71%
남성	매출40만원대	626	6.26%
남성	매출50만원대	437	4.37%
남성	매출60만원이상	931	9.31%
남성	합계	5,618	56.18%
여성	매출10만원이하	724	7.24%
여성	매출10만원대	755	7.55%
여성	매출20만원대	725	7.25%
여성	매출30만원대	573	5.73%
여성	매출40만원대	523	5.23%
여성	매출50만원대	346	3.46%
여성	매출60만원이상	736	7.36%
여성	합계	4,382	43.82%
합계		10,000	100.00%

이 화면은 전체 고객 수 10,000명 기준으로 고객 성별 매출금액대별로 각각의 고객 수 비율을 보여주고 있다.

다음은 고객 수 백분율을 다른 기준으로 만들어보자.

[파생지표 화면 2
- 합계(고객 수)의 백분율]

리포트 세부사항

리포트 제한:
빈 필터

		메트릭	
고객 성별	매출액그룹핑	고객 수	합계(고객 수)의 백분율
남성	매출10만원이하	991	17.64%
남성	매출10만원대	981	17.46%
남성	매출20만원대	881	15.68%
남성	매출30만원대	771	13.72%
남성	매출40만원대	626	11.14%
남성	매출50만원대	437	7.78%
남성	매출60만원이상	931	16.57%
남성	합계	5,618	100.00%
여성	매출10만원이하	724	16.52%
여성	매출10만원대	755	17.23%
여성	매출20만원대	725	16.54%
여성	매출30만원대	573	13.08%
여성	매출40만원대	523	11.94%
여성	매출50만원대	346	7.90%
여성	매출60만원이상	736	16.80%
여성	합계	4,382	100.00%
합계		10,000	100.00%

해당 화면은 남/여 고객 수 합계인 5,618/ 4,382명 기준으로 매출금액대별로 고객 수 비율을 보여주고 있다. 그래서 남성 전체 기준의 백분율 합은 100%로 나오고, 여성 기준도 마찬가지다. 위의 [전체 총합계(고객 수)의 백분율]과는 다른 기준으로 계산되었음을 알 수 있다.

앞 2개의 예제에서 보듯이 파생 지표는 생성 기준을 명확히 제공할 수 있도록 기능을 제공해야 한다.

* **전체 총합계(고객 수)의 백분율:** [고객 수] / (Sum([고객 수]))
* **합계(고객 수)의 백분율:** [고객 수] / (Sum([고객 수]) {Break By [고객 성별]})

파생 지표 (순위)

다음은 파생 지표로 자주 사용되는 [순위] 지표에 대해서 알아보자. 예로 매출액을 가지고 순위에 대한 파생 지표를 만들 수 있다.

[순위(매출액) 브레이크 바이(고객 성별) 오름차순]

　* 여기서 브레이크 바이(break by)의 의미는 지표를 계산할 때 분류 관점별로 계산될 수 있도록 하는 기능이기 때문에 그 기준을 명시해야 한다.

리포트 세부사항

리포트 제한:
빈 필터

고객 성별	지역	매출액	순위(매출액) 브레이크 바이(고객 성별) 오름차순	고객 수
합계		36,097,922	1	17,951
남성	합계	20,257,894	1	10,096
남성	남동부	1,409,750	2	160
남성	남부	3,196,484	7	972
남성	남서부	2,131,019	3	673
남성	동부 대서양 연안	2,602,028	5	818
남성	북동부	4,867,462	8	1,495
남성	북서부	987,041	1	295
남성	웹	2,228,592	4	4,493
남성	중앙	2,835,518	6	900
여성	합계	15,840,028	1	7,855
여성	남동부	899,397	2	281
여성	남부	2,365,204	7	754
여성	남서부	1,671,141	3	533
여성	동부 대서양 연안	1,989,075	5	614
여성	북동부	3,942,257	8	1,206
여성	북서부	827,609	1	259
여성	웹	1,802,373	4	3,488
여성	중앙	2,342,972	6	720

[파생지표 화면 3]

해당 지표는 고객 성별 기준으로 매출액 순위를 부여하였음을 알 수 있다.
　- 남성별로 매출액 순위 1~8위
　- 여성별로 매출액 순위 1~8위
여기서 매출액 순위를 정렬하여 다시 한번 살펴보자. 그럼 순위가 생성된 기준이 명확히 보일 것이다. 순위는 오름차순 기준 또는 내림차순 기준으로 순위를 설정할 수 있다.

[파생지표 화면 4]

고객 성별 기준으로 매출액 오름차순 정렬 순서로 순위가 생성되었음을 확인할 수 있다.

또한 순위 관련 활용 사례는 화면 단에 보여지는 내용이 많은 경우 상 하위 순위 5~10개 만 보고자 하는 경우에 아래와 같은 리포트 필터와 함께 순위 파생 지표를 만들어 사용하 곤 한다.

[파생지표 화면 5]

표시된 부분이 고객 성별 기준으로 매출액 상위 5개씩만 가져오게 하는 리포트 필터이다.

    * 리포트 결과 화면에 보여지는 매출액 순위는 내림차순 기준 또는 오름차순 기준으로
      설정할 수 있다.

앞에서 말했듯이 파생 지표는 생성하는 과정을 명확히 제공하여야 사용자가 쉽게 활용을 할 수 있다.

- **파생 지표 : [순위(매출액) 브레이크 바이(고객 성별) 오름차순]**
- **산식 : Rank<ASC=True, BreakBy={[고객 성별]}>([매출액])**

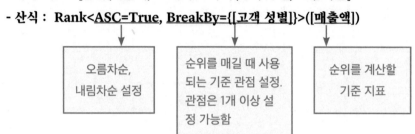

오름차순, 내림차순 설정	순위를 매길 때 사용되는 기준 관점 설정. 관점은 1개 이상 설정 가능함	순위를 계산할 기준 지표

파생 지표 (변형)

파생 지표 '변형'도 앞의 백분율, 순위처럼 기준 지표가 있고, 이를 가공해서 새롭게 만드는 지표이다. '변형'에 해당하는 주요 지표는 전년도, 전월, 전주 등 특정 시점 대비한 지표를 제공할 때 사용된다. '변형'은 만드는 과정이 다소 복잡하다.

다음과 같은 시나리오를 살펴보자.
"당해 년도 매출을 고객 성별로 살펴보다가 매출이 전년도보다 올랐는지 궁금하다."
이런 경우는 어떻게 접근할 수 있을까?
    (1) 먼저 당해 년도 매출액을 고객 성별로 조회하는 리포트를 만든다.
    (2) 이 리포트에 전년도 매출액을 추가한다.
    (3) 그리고 나서 전년대비 증감률을 계산한다.

위의 시나리오 풀이 순서대로 하나씩 만들어보자.

    (1) 먼저 당해 년도(2016) 매출액을 고객 성별로 분류되는 리포트를 생성한다.

* 당년도 매출만 가져오도록 리포트 필터에 "연도=2016" 적용함

리포트 세부사항

리포트 필터:
연도 = 2016

	메트릭	매출액	고객 수
연도	고객 성별		
2016	남성	8,651,278	5,492
2016	여성	6,657,012	4,280
합계		15,308,290	9,772

(2) 앞에서 만든 리포트에 전년도 매출액을 추가한다.

리포트 세부사항

리포트 필터:
연도 = 2016

	메트릭	매출액	전년도 (매출액)	고객 수
연도	고객 성별			
2016	남성	8,651,278	6,592,132	5,492
2016	여성	6,657,012	5,279,515	4,280
합계		15,308,290	11,871,647	9,772

이 [전년도(매출액)] 지표는 아래 2015년 고객 성별 매출액을 제대로 가져온 것이 확인 가능하다.

리포트 세부사항

리포트 제한:
빈 필터

	메트릭	매출액	고객 수
연도	고객 성별		
2015	남성	6,592,132	5,125
2016	남성	8,651,278	5,492
2015	여성	5,279,515	4,011
2016	여성	6,657,012	4,280
합계		27,179,937	18,908

(3) 여기에 전년대비 증감률을 추가한다. 이 지표도 파생 지표에 해당한다.

리포트 세부사항

리포트 필터:
연도 = 2016

	메트릭	매출액	전년도 (매출액)	전년대비증감률	고객 수
연도	고객 성별				
2016	남성	8,651,278	6,592,132	31.24%	5,492
2016	여성	6,657,012	5,279,515	26.09%	4,280
합계		15,308,290	11,871,647	28.95%	9,772

←전년대비 매출액이 평균 28.95% 정도 증가한 것으로 나온다.

해당 리포트에 나오는 파생 지표를 어떻게 생성하는지 살펴보자.
- **파생 지표 : [전년도 (매출액)]**
- **산식 : Sum((([단위 가격] * [판매된 수량])) | [전년도] |**

변형 조건

여기서 변형 조건 [전년도]는 어떻게 작동하는 것일까?

먼저 [전년도]를 만드는 과정을 살펴보자.

[전년도] 변형은 먼저 기준 년도와 전년도를 매핑하는 참조(Lookup) 테이블 가령, 테이블명이 LU_YEAR이고, 칼럼은 당년도ID와 전년도ID를 가진 (YEAR_ID, PREV_YEAR_ID)로 구성된 테이블이 있어야 한다. 이 Lookup테이블을 참조해서 자동으로 전년도를 가져오게 된다. 파싱된 SQL문장으로 확인해보자.

```
select      a13.[YEAR_ID] AS YEAR_ID,
            a14.[GENDER_ID] AS GENDER_ID,
            sum((a11.[UNIT_PRICE] * a11.[QTY_SOLD])) AS SALES
from        [ORDER_DETAIL]  a11,
            [LU_DAY]         a12,
            [LU_YEAR]        a13,
            [LU_CUSTOMER]   a14
where       a11.[ORDER_DATE] = a12.[DAY_DATE] and
            a12.[YEAR_ID] = a13.[PREV_YEAR_ID] and
            a11.[CUSTOMER_ID] = a14.[CUSTOMER_ID]
 and        a13.[YEAR_ID] in (2016)  --당해 기준년도
group by    a13.[YEAR_ID],
            a14.[GENDER_ID]
```

앞의 예제에서 본 참조(Lookup) 테이블 LU_YEAR의 칼럼 (PREV_YEAR_ID)을 이용하지 않고 구현하는 방법에 대해서도 고민해 보자.

[년도] 데이터가 숫자 형식의 타입으로 설계되어 있다면,

전년도= YEAR_ID -1이라는 산식만으로도 전년도 매출을 가져올 수 있을 것 같다.

이렇게 정의한 후 쿼리가 어떻게 파싱이 되는지 확인해보자.

```
select        (a12.[YEAR_ID] + 1) AS YEAR_ID,
              a13.[GENDER_ID] AS GENDER_ID,
              sum((a11.[UNIT_PRICE] * a11.[QTY_SOLD])) AS WJXBFS1
from          [ORDER_DETAIL]  a11,
              [LU_DAY]        a12,
              ← 여기서는 LU_YEAR 테이블을 사용하지 않음
              [LU_CUSTOMER]  a13
where         a11.[ORDER_DATE] = a12.[DAY_DATE] and
              a11.[CUSTOMER_ID] = a13.[CUSTOMER_ID]
 and          a12.[YEAR_ID] in ((2016 - 1))
              ← 산식에 등록된 YEAR-1 조건 적용됨
group by      (a12.[YEAR_ID] + 1),

        a13.[GENDER_ID]
← 템플릿 상의 년도와 맞추기 위해 (YEAR + 1) 로 해서 Group by 처리함
```

이렇게 테이블 대신 산식을 이용해서도 변형 처리는 가능하다.

변형 관련 지표는 다양하게 존재한다. 변형 선택 기준은 템플릿 또는 그리드(GRID)상의 기준 시점 관점이 무엇인지에 따라서 다양하게 만들 수 있다.

매출액을 가지고 변형 사례를 적용해보자.

- 기준 지표 : 매출액
- 기준 시점용 관점: 년도, 월, 일, 주, 분기, 반기
- 변형 조건 : 전년도, 전월, 전일, 전주, 전분기, 전년동월 등
- 파생 지표 : 전년도(매출액), 전월(매출액), 전일(매출액), 전주(매출액), 전분기(매출액) 등

그럼, 각 변형 조건에 해당하는 산식을 어떻게 만들면 될까?

첫 번째로 앞에서 본 것처럼, 매핑 테이블을 이용하여 칼럼 to 칼럼 관계로 변형을 만들 수 있다.

예제 매핑 테이블 : LU_DAY (DAY_ID, MONTH_ID, WEEK_ID, YEAR_ID,PREV_DAY_ID, PREV_MONTH_ID, PREV_YEAR_ID,...)

두 번째로 산식을 이용하여 변형을 만들 수 있다. 산식을 정의할 때, DBMS마다 지원 함수의 범위가 다르기 때문에 사전에 지원여부에 대한 확인이 필요한 부분이다.

예) 전월 : ADD_MONTHS(MONTH_ID, -1)

　← ADD_MONTHS 함수는 날짜 계산 함수임, -1 : 1개월전 날짜 , +1: 1개월 후 날짜 계산할 때 사용

　전주 : WEEK_ID -1

　← 해당 산식은 52주인 경우에 가능하나 월 단위로 주차를 산정하는 경우는 다른 산식 적용이 필요함

또한 단순 함수로 불가한 경우는 별도 테이블을 활용하여 생성해야 한다. MTD 라는 변형이 있다. 이는 일 누적을 표시하는 지표로 기준일까지 일자들의 합을 구할 때 사용한다.

예로　12.01일 매출액: 12.1일 실적,

12.02일: 12.1~2일까지 합산 실적,

12.03일: 12.1~3일까지 합산 실적,

12.31일: 12.1~31 일까지 합산 실적을 구함

이런 경우는 단순 산식이 어렵기 때문에 아래와 같은 MTD 테이블을 주로 이용한다. 다음은 MTD 테이블 데이터 예시이다.

기준일	누적일(MTD)
20211201	20211201
20211202	20211201
20211202	20211202
…	…
20211231	20211201
20211231	…
20211231	20211231

정리하자면 변형은 필요한 데이터 형태로 산식이나 테이블을 활용하여 만들 수 있다.

파생 지표 (복합)

다음으로 복합 파생 지표는 기존 지표를 가지고 사칙 연산에 의해 만들어지는 지표를 말한다.

앞의 리포트에서 사용한 [전년대비 증감률] 파생 지표가 이에 해당된다.

- 파생 지표 : [전년대비 증감률]
- 산식 : ((매출액) - (전년도 (매출액))) / (전년도 (매출액))
- 사용 지표 : 매출액 , 전년도(매출액)

증감률, 증감, 비율, 가중 지표 등 다양한 지표가 있을 수 있다.

드릴링

OLAP은 조회결과에서 추가 분석을 위한 드릴링(Drilling) 기능을 제공한다. 드릴링(Drilling) 기능을 이용함으로써 분석의 연속성이 유지된다. 드릴링에는 2가지 방향이 있다.

- Drill Up/Down : 해당 차원(Dimension)의 상 하위 관점으로 이동하여 상세 분석하는 기능
- Drill Across : 다른 차원(Dimension)의 관점으로 이동하여 분석 영역 확대하는 기능

여기서 차원이라는 말이 나왔는데, 차원이 무엇인지 알아보자.

차원은 같은 주제로 묶일 수 있는 관점 들의 집합이라고 보면 된다. 가령 고객 차원, 지역 차원, 조직 차원 등이 있다.

- 고객 차원: 고객, 성별, 연령, 결혼여부 등의 연관 관점으로 구성
- 지역 차원: 거주 시도 , 거주 시군구 , 거주 읍면동 , 지역 우편번호 등의 상 하위 계층 관점으로 구성
- 조직 차원: 조직1레벨, 조직2레벨, 조직3레벨 등의 조직 상·하위 계층 관점으로 구성

또한, 드릴링 시에 기존 관점을 대체해서 새로운 관점을 추가하거나, 기존 관점을 유지한 채 신규 관점을 추가하는 경우를 선택할 수 있으니 필요 목적에 맞게 사용하면 된다.

실제 활용 사례를 보자.

고객 성별 매출금액대별 고객 수를 조회하는 시나리오에서 연령대로 상세하게 조회하는 시나리오를 추가해보자.

[원본 리포트: 고객 성별 매출액그룹별 고객 수]

리포트 세부사항

리포트 제한:
빈 필터

	메트릭	고객 수	합계(고객 수)의 백분율	전체 총합계(고객 수)의 백분율
고객 성별 매출액그룹핑				
남성 매출10만원이하		991	17.64%	9.91%
남성 매출10만원대		981	17.46%	9.81%
남성 매출20만원대		881	15.68%	8.81%
남성 매출30만원대		771	13.72%	7.71%
남성 매출40만원대		626	11.14%	6.26%
남성 매출50만원대		437	7.78%	4.37%
남성 매출60만원이상		931	16.57%	9.31%
남성 합계		5,618	100.00%	56.18%
여성 매출10만원이하		724	16.52%	7.24%
여성 매출10만원대		755	17.23%	7.55%
여성 매출20만원대		725	16.54%	7.25%
여성 매출30만원대		573	13.08%	5.73%
여성 매출40만원대		523	11.94%	5.23%
여성 매출50만원대		346	7.90%	3.46%
여성 매출60만원이상		736	16.80%	7.36%
여성 합계		4,382	100.00%	43.82%
합계		10,000	100.00%	100.00%

[드릴 리포트1 : 원본 리포트에서 연령대로 드릴링 한 경우]

리포트 세부사항

리포트 제한:
빈 필터

		메트릭	고객 수	합계(고객 수)의 백분율	전체 총합계(고객 수)의 백분율
고객 성별 연령대(10세단위) 매출액그룹핑					
합계			10,000	100.00%	100.00%
남성 합계			5,618	100.00%	56.18%
남성 10대	매출10만원이하		10	0.18%	0.10%
남성 10대	매출10만원대		14	0.25%	0.14%
남성 10대	매출20만원대		10	0.18%	0.10%
남성 10대	매출30만원대		12	0.21%	0.12%
남성 10대	매출40만원대		8	0.14%	0.08%
남성 10대	매출50만원대		5	0.09%	0.05%
남성 10대	매출60만원이상		14	0.25%	0.14%
남성 20대	매출10만원이하		132	2.35%	1.32%
남성 20대	매출10만원대		153	2.72%	1.53%
남성 20대	매출20만원대		125	2.22%	1.25%
남성 20대	매출30만원대		126	2.24%	1.26%
남성 20대	매출40만원대		91	1.62%	0.91%
남성 20대	매출50만원대		60	1.07%	0.60%
남성 20대	매출60만원이상		153	2.72%	1.53%
남성 30대	매출10만원이하		187	3.33%	1.87%

← 드릴 기능은 연령대로 세분화해서 데이터를 조회할 수 있도록 분석의 연속성을 제공한다. 또한, 고객 성별로 [합계(고객 수)의 백분율]과 [전체 총합계(고객 수)의 백분율] 이 달라졌음을 알 수 있다.

앞의 사례에서 고객 성별 전체에 대해서 연령대로 드릴링하지 말고 **남성**에 대해서만 연령대로 드릴링 하는 시나리오가 있다고 하자. OLAP은 일부 데이터에 대한 상세 드릴 기능을 지원한다.

[드릴 리포트2 : 원본 리포트에서 남성만 클릭한 채 드릴링 한 경우]

리포트 세부사항

리포트 필터:
[고객 성별] = 남성

고객 성별	연령대(10세단위)	매출액그룹핑	메트릭 고객 수	합계(고객 수)의 백분율	전체 총합계(고객 수)의 백분율
합계			5,618	100.00%	100.00%
남성	합계		5,618	100.00%	100.00%
남성	10대	매출10만원이하	10	0.18%	0.18%
남성	10대	매출10만원대	14	0.25%	0.25%
남성	10대	매출20만원대	10	0.18%	0.18%
남성	10대	매출30만원대	12	0.21%	0.21%
남성	10대	매출40만원대	8	0.14%	0.14%
남성	10대	매출50만원대	5	0.09%	0.09%
남성	10대	매출60만원이상	14	0.25%	0.25%
남성	20대	매출10만원이하	132	2.35%	2.35%
남성	20대	매출10만원대	153	2.72%	2.72%
남성	20대	매출20만원대	125	2.22%	2.22%
남성	20대	매출30만원대	126	2.24%	2.24%
남성	20대	매출40만원대	91	1.62%	1.62%
남성	20대	매출50만원대	60	1.07%	1.07%
남성	20대	매출60만원이상	153	2.72%	2.72%
남성	30대	매출10만원이하	187	3.33%	3.33%

← 여기서는 남성 데이터에 대해서만 연령대로 세분화해서 데이터가 조회된다. 또한, 고객 성별이 남성 만 있으므로 [합계(고객 수)의 백분율]과 [전체 총합계(고객 수)의 백분율] 이 동일함을 알 수 있다.

이번에는 완전히 다른 차원인 지역 관점으로 드릴링 하는 시나리오를 구현해보자. 다른 차원으로의 드릴링 기능도 전체 데이터 기준과 부분 데이터 기준으로 드릴링이 가능하다.

[드릴 리포트3 : 원본 리포트에서 지역 관점으로 드릴링 한 경우]

리포트 세부사항

리포트 제한:
빈 필터

고객 성별	지역	매출액그룹핑	메트릭 고객 수	합계(고객 수)의 백분율	전체 총합계(고객 수)의 백분율
합계			17,951	100.00%	100.00%
남성	합계		10,096	100.00%	56.24%
남성	남동부	매출10만원이하	90	0.89%	0.50%
남성	남동부	매출10만원대	76	0.75%	0.42%
남성	남동부	매출20만원대	60	0.59%	0.33%
남성	남동부	매출30만원대	58	0.57%	0.32%
남성	남동부	매출40만원대	55	0.54%	0.31%
남성	남동부	매출50만원대	37	0.37%	0.21%
남성	남동부	매출60만원이상	74	0.73%	0.41%
남성	남부	매출10만원이하	165	1.63%	0.92%
남성	남부	매출10만원대	153	1.52%	0.85%
남성	남부	매출20만원대	155	1.54%	0.86%
남성	남부	매출30만원대	139	1.38%	0.77%
남성	남부	매출40만원대	114	1.13%	0.64%
남성	남부	매출50만원대	83	0.82%	0.46%
남성	남부	매출60만원이상	163	1.61%	0.91%
남성	남서부	매출10만원이하	133	1.32%	0.74%

← 지역으로 확장해서 데이터가 조회되고 있다. 또한, 고객 성별 기준으로 [합계(고객 수)의 백분율]과 [전체 총합계(고객 수)의 백분율] 이 달라졌음을 알 수 있다.
다른 차원으로의 드릴 기능도 전체 데이터 기준과 부분 데이터 기준으로 드릴이 가능하다.

[드릴 리포트4 : 원본 리포트에서 남성에 대해서만 지역 관점으로 드릴링 한 경우]

리포트 세부사항

리포트 필터:
[고객 성별] = 남성

고객 성별	지역	매출액그룹핑	메트릭 고객 수	합계(고객 수)의 백분율	전체 총합계(고객 수)의 백분율
합계			10,096	100.00%	100.00%
남성	합계		10,096	100.00%	100.00%
남성	남동부	매출10만원이하	90	0.89%	0.89%
남성	남동부	매출10만원대	76	0.75%	0.75%
남성	남동부	매출20만원대	60	0.59%	0.59%
남성	남동부	매출30만원대	58	0.57%	0.57%
남성	남동부	매출40만원대	55	0.54%	0.54%
남성	남동부	매출50만원대	37	0.37%	0.37%
남성	남동부	매출60만원이상	74	0.73%	0.73%
남성	남부	매출10만원이하	165	1.63%	1.63%
남성	남부	매출10만원대	153	1.52%	1.52%
남성	남부	매출20만원대	155	1.54%	1.54%
남성	남부	매출30만원대	139	1.38%	1.38%
남성	남부	매출40만원대	114	1.13%	1.13%
남성	남부	매출50만원대	83	0.82%	0.82%
남성	남부	매출60만원이상	163	1.61%	1.61%

← 여기서는 남성 데이터에 대해서만 지역으로 확장해서 데이터가 조회되고 있다. 또한, 고객 성별 기준으로 [합계(고객 수)의 백분율]과 [전체 총합계(고객 수)의 백분율] 이 동일함을 알 수 있다.

또한 부분 데이터 기준으로 드릴링 시에 특정 행(Row) 에서의 드릴링 분석을 지원한다. 앞에서 남성 전체에 대해서 드릴을 수행했다면, 이번 시나리오에서는 매출액그룹이 10만 원 이하인 고객에 대해서만 지역별로 드릴링 하는 상세 분석이 가능하다.

[드릴 리포트5 : 원본 리포트에서 남성의 매출액이 10만원 미만인 대상만을 선택한 후
지역 관점으로 드릴링 한 경우]

리포트 세부사항

리포트 필터:
([고객 성별] = 남성) 와 의 설정 [고객]의 조건에 맞는 (매출액 < 100000)

고객 성별	지역	메트릭 고객 수	합계(고객 수)의 백분율	전체 총합계(고객 수)의 백분율
남성	남동부	90	5.84%	0.90%
남성	남부	165	10.71%	1.65%
남성	남서부	133	8.63%	1.33%
남성	동부 대서양 연안	142	9.21%	1.42%
남성	북동부	231	14.99%	2.31%
남성	북서부	57	3.70%	0.57%
남성	펠	565	36.66%	5.65%
남성	중앙	158	10.25%	1.58%
남성	합계	1,541	100.00%	15.41%
합계		1,541	100.00%	15.41%

← 여기서는 남성 & 매출액 10만원 미만인 행(row) 데이터에 대해서 지역으로 확장해서 데이터를 조회하였음을 알 수 있다.

내보내기

OLAP에서 만들어진 리포트는 여러 형태로 데이터 내보내기가 가능하다. 주로 텍스트 파일, 클립보드, 엑셀 파일, PDF, html 파일 형식으로 이용된다. 내보내기 한 데이터는 또 다른 데이터로 재편집 되어 활용될 수 있다.

[OLAP 클라이언트 상에서 제공되는 그리드 원본 리포트]

연도	고객 성별	메트릭	매출액	전년도 (매출액)	전년대비증감율	고객 수
2016	남성		8,651,278	6,592,132	31.24%	5,492
2016	여성		6,657,012	5,279,515	26.09%	4,280
합계			15,308,290	11,871,647	28.95%	9,772

① Excel 형식으로 내보내기 된 리포트

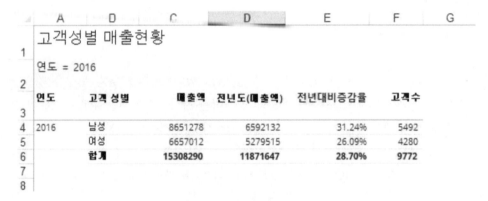

② 웹 html 형식으로 내보내기 된 리포트

③ 텍스트 파일 형식으로 내보내기 된 리포트

파일(F) 편집(E) 서식(O) 보기(V) 도움말(H)
리포트 필터:
연도 = 2016

		메트릭	매출액	전년도 (매출액)	전년대비증감률	고객 수
연도	고객 성별					
2016	남성		8,651,278	6,592,132	31.24%	5,492
2016	여성		6,657,012	5,279,515	26.09%	4,280
합계			15,308,290	11,871,647	28.95%	9,772

④ PDF 파일 형식으로 내보내기 된 리포트

Guided Self Service   Chapter 1 - Page 1 - 고객성별 매출현황

연도	고객 성별	매출액	전년도(매출액)	전년대비증감율	고객수
2016	Male	$8,425,950	$6,430,014	31.04%	5,607
	Female	$6,432,914	$5,115,632	25.75%	4,372
	Total	$14,858,864	$11,545,646	28.70%	9,979

* 영문 데이터를 사용하여 위의 결과와는 다소 차이가 있으나, 형식적인 측면만 참고하기 바랍니다.

그래프

OLAP에서는 그리드로 만들어진 결과를 그래프로 바로 전환이 가능하다. 그래프를 이용하게 되면 단순 수치로만 보아 왔던 지표에 대해 좀 더 명확한 의미로 다가올 수 있게 된다. 즉, 수치보다는 수치상에 묻혀 있던 차이를 인식할 수 있게 되며, 수치의 의미도 일반적으로 더 잘 전달된다. 아래 예시로 확인해보자.

첫 번째 표는 단순 수치로만 제공하는 그리드형 리포트이다. 표 속의 데이터를 눈으로 확인해서 읽어야 한다.

리포트 세부사항

리포트 필터:
연도 = 2016

	메트릭	매출액	전년도 (매출액)
고객 성별			
남성		8,651,278	6,592,132
여성		6,657,012	5,279,515
합계		15,308,290	11,871,647

[그리드형 리포트]

두 번째는 위의 그리드를 단순히 그래프 형태로 제공한 예시이다. 남녀간의 차이가 바로 확인이 가능하고, 전년대비 당년도 매출 차이도 쉽게 확인이 가능하다.

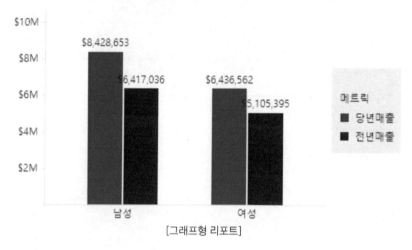

[그래프형 리포트]

그래프로 전환할 때는 그래프를 표시하기 위한 몇 가지 설정을 해주어야 한다.

* 설정할 그래프 옵션에는 다음과 같은 것이 있다.
- 그래프 유형 설정 : 선, 막대, 영역, 파이, 누적 막대, …
- 시리즈 설정 : 시리즈는 그래프에 표시되는 지표들로써 각 시리즈(지표)마다 색상 실정 가능
- 축 설정 : X축, Y축 라벨 표시 여부 및 사이즈 설정
- 범례 : 범례 위치 및 사이즈 설정

여러 가지 부가 설정으로 그래프를 다양하게 표시할 수 있다.

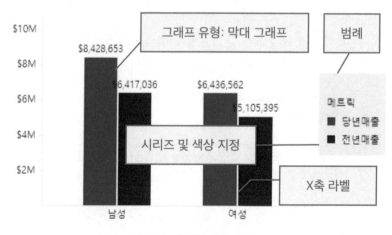

[그래프 내 설정 대상 예시]

대시보드(Dashboard)

그리드(Grid)나 그래프(Graph)는 단일 리포트에 대한 표시 방법이다. 그래서 여러 리포트를 이용하거나 하나의 리포트로 여러 보고서를 만들어야 하는 경우는 대시보드를 사용한다. 대시보드는 최근 OLAP의 주요 기능으로 부각되고 있다. 다양한 정보를 제공해야 하는 측면에서 기존 리포팅의 한계를 벗어날 뿐만 아니라 데이터 소스도 다양하게 접목해서 하나의 대시보드 형태로 제공가능하기 때문에 최근에 활용도가 높아지고 있는 추세다.

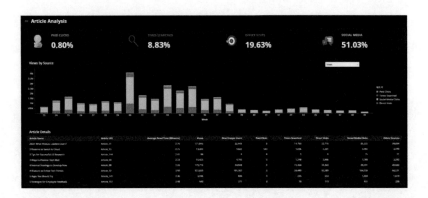

위의 대시보드는 OLAP 전문회사인 Microstrategy사에서 제공한 Demo사이트(https://demo.microstrategy.com/)에서 가져온 예시다. 기존 단순 그래프보다는 훨씬 많은 정보를 나양한 시각화 도구를 활용해서 제공하고 있다.
대시보드는 프리젠테이션(presentation) 용도이기 때문에 목차 (Agenda)가 있고, 이 목차 아래에서 여러 챕터(Chapter)의 보고서가 엮이도록 구성된다.

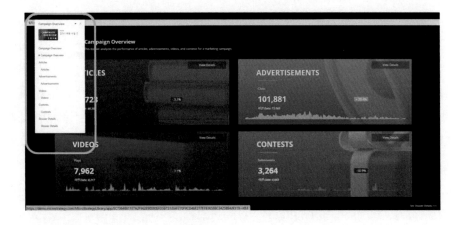

위의 예시는 왼쪽 상단에 목차가 표시되어 있다.
목차는 일반 파워포인트 작성시에 사용하는 방법과 동일하게 접근하면 된다.

대시보드에 사용되는 데이터는 OLAP에서 만든 리포트와 사용자가 보유하고 있는 엑셀 데이터, 텍스트 데이터도 가능하다. 이런 데이터들을 가지고 파워포인트처럼 화면을 구성할 수 있다. 즉 시각적 디자인을 하고, 여기에 필요한 데이터를 채우는 형식이다.

대시보드는 무엇보다 시각적 디자인이 중요하므로 처음부터 디자이너와의 협력 하에 기본 설계를 진행하고, OLAP개발자가 해당 내용을 구현하는 형식으로 진행된다고 보면 된다. 개발자가 아닌 일반 분석가는 이 과정을 혼자서 진행하기에 개인 감각에 따라 천차만별의 결과를 만들어내곤 한다.

이렇게 만들어진 대시보드는 이야기 진행 방식의 전달이 가능하기에 많이 선호되고, 공유도 쉽게 이루어진다.

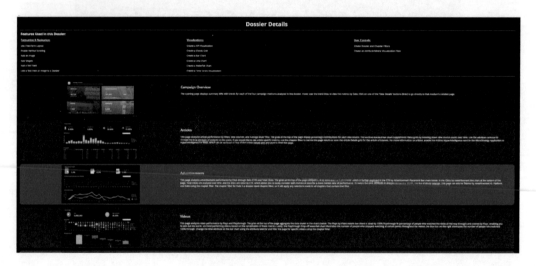

위 대시보드*는 목차에 해당하는 전반적인 내용을 길잡이(Guide) 해주는 화면이다. 잠깐 살펴보면, 상단에는 대시보드에서 추가 분석 가능한 Feature내용들을 제시하고 있고, 하단에는 목차에서 나오는 개별 대시보드 이미지와 각 대시보드가 어떤 내용을 제시하는지 간략하게 설명하고 있다. 또한, 개별 그래프를 클릭하면 실제 그래프 즉 개별 대시보드 화면으로 이동할 수 있도록 기능을 제공하고 있다. 실제 대시보드는 사용자와 상호작용을 하면서 분석이 자연스럽게 연결되도록 하는 기능을 제공한다.

대시보드는 분석주제별로 구성 가능하기에 관심분야를 하나로 만들어 관리하면 전체적인 연결측면에서 좋은 인사이트(Insight)를 얻을 수 있을 것이다.

우리는 데이터가 넘쳐나는 시대에 살고 있기 때문에 많아진 데이터를 편리하게 관리하고, 사용하는 방법도 자유롭고 쉽게 이용할 수 있어야 한다. 보유한 데이터를 잘 활용하려면

---

* https://demo.microstrategy.com/

대시보드 기능을 선호할 수 밖에 없는 것이다.

요즘 시각화가 대세인 이유는 이런 기능을 제공하기 때문이다.

사용자 관리 기능

이번에는 OLAP 솔루션이 제공하는 사용자 관리 기능에 대해서 알아보자. OLAP사용자는 초급부터 고급까지 다양한 레벨을 가진 사용자들이 존재한다. 이런 사용자들을 관리하기 위해 사용자그룹을 만들기도 하고, 권한 롤(Role)등을 만들어서 관리 편의성을 추구하기도 한다.

그럼 사용자 관리 기능에는 어떤 것들이 있는지 살펴보자.

사용자는 사용자그룹에 소속되고, 사용자그룹은 보안롤(Security Role)을 사용하여 제어된다.

여기서 사용자는 OLAP 개인 사용자인 계정 정보를 의미하며, 사용자그룹은 동일한 권한을 보유한 사용자들의 묶음을 의미한다. 동일한 권한이라고 말하는 부분은 OLAP솔루션이 제공하는 여러 기능의 사용여부에 대한 통제를 말한다고 보면 된다. 그리고, 보안롤(Security Role)은 개별적인 사용자그룹에서 공통으로 부여되어야 하는 기능들의 묶음이라고 보면 된다.

즉, 보안롤 대비 사용자그룹은 1:N 구조이며, 사용자 그룹 대비 사용자는 1:M구조의 관계라고 보면 된다.

권한 정보에 대해서 좀 더 상세하게 알아보자.

권한체계에서 관리하고 제어할 수 있는 OLAP 기능에는 어떤 것들이 있는 지 살펴보자.

권한에는 접근권한, 데이터 권한, 기능 권한이 있다.

- 접근(Access) 권한 : 각 개체 (리포트, 관점, 지표, 필터 등) 단위로 사용가능 여부에 대한 통제 권한을 의미한다.
- 데이터 권한 : 리포트상에서 조회되는 결과 데이터에 대한 통제 권한을 의미한다. 데이터베이스 상에 있는 데이터의 행(Row) 이나 칼럼(Column) 단위의 제어를 하거나, 또는 특정 알고리즘(Logics)을 적용한 부분의 데이터만 조회가 가능하도록 제어하는 권한을 의미한다. 예로 특정 조직의 데이터만 조회 가능하도록 설정할 수 있다.
- 기능 권한 : 리포트에 대해 조회 권한, 편집 권한, 삭제 권한 등 기능 상의 통제 권한을 의미한다.

접근 권한

먼저 접근 권한에 대해서 자세히 살펴보자.

접근 권한은 각 개체들 즉 리포트, 관점, 지표, 필터 등에 접근해서 사용 가능한지에 대한 통제 권한이라고 했다. 구체적 예시를 통해 어떤 경우에 주로 활용되는지 확인해 보자.

> - 시나리오 : "인사 현황을 제공하는 리포트 목록 중에 salary report는 인사그룹담당자만 조회할 수 있도록 해달라."

해당 요청을 처리하기 위해서는 salary report에 대한 접근 권한을 인사그룹담당자만 조회할 수 있도록 설정이 되어야 한다. 또는 인사 그룹 내 특정 사람들만 조회할 수 있도록 권한 부여가 필요할 수도 있다.

인사 그룹 담당자는 변동이 발생할 수 있기 때문에 미리 인사 관리용 사용자그룹을 만들어 관리하면 편리하게 운영할 수 있다.

특수 리포트에 대한 특정(고유) 사용자 또는 사용자그룹에 대한 접근 권한 요청은 흔한 요구사항이기 때문에 접근 권한에 대한 관리 기능은 미리 파악해 두고 활용해야 한다.

데이터 권한

다음으로 데이터 권한에 대해서 알아보자.

데이터 권한은 리포트상에서 조회되는 결과 데이터에 대한 통제 권한을 의미한다. 주로 어떤 경우에 활용되는가? 구체적인 예시를 통해 사용용도를 파악해보자.

> - 시나리오 : "회사의 영업본부조직 별로 영업 실적을 조회하는 경우, 본부간의 경쟁이 치열하여 조회하는 사람의 조직을 확인하여 소속 본부의 데이터만 제공할 수 있도록 하는 제어가 필요하다."

해당 시나리오를 만족시키려면, 데이터에 대한 특별한 제어가 필요하다. 먼저 조회하려는 사람의 계정이 어느 소속본부인지 확인을 해야 하고, 확인된 본부 정보를 이용해서 데이터 조회를 위한 최종 데이터 추출 문장에 추가 필터로서 작동해야 한다.

이런 데이터 권한은 주로 보안 관련 요청 사항으로 처리되며, 다수 사용자를 자동으로 제어해야 하기 때문에 초기 설계가 중요하다. 조직개편이나 전입, 전출 등으로 수시 사용자 변동이 발생할 수 있기 때문에 데이터 보안 처리 알고리즘도 수시 반영이 될 수 있는 구조가 뒷받침 되어야 한다.

즉, 데이터 권한 반영 주기는 수시 또는 일 단위 배치 작업(batch work) 처리가 되어야 한다. 일 배치 처리에서 사용자의 소속 본부에 맞는 매핑 정보를 현행화 하고, 리포트 상의 최종 쿼리문장에서는 해당 정보를 참조해서 SQL 문장에 추가할 수 있는 기능을 제공하여 결과를 제어할 수 있도록 하면 된다.

사용자가 많은 대기업에서는 인사에 대한 수시 변동이 잦기 때문에 효율적인 처리가 필요하며, 또한 조직간의 영업 기밀에 대한 데이터 보안 요구사항도 까다롭기 때문에 고민해야 할 부분이 상당히 많다. 또한 여러 가지 데이터 보안 설정으로 인해 데이터 결과 해석에도 영향을 미치는 부분이 있기 때문에 되도록 중복을 피할 수 있도록 데이터 보안이 설계 및 통제되어야 한다.

기능 권한

다음은 기능 권한에 대해서 알아보자.

기능 권한은 리포트에 대해 조회 권한, 편집 권한, 삭제 권한 등 기능 상의 통제 권한을 의미한다. 어떤 경우에 주로 활용되는가? 여기서도 구체적 예시로 확인해보자.

> **- 시나리오 : "영업부서 조직은 실적 조회만 필요하고, 마케팅부서 조직은 기획한 마케팅에 대한 성과 분석 등을 진행해야 하기 때문에 리포트 생성 및 편집 기능이 필요하다."**

해당 요건을 충족하기 위해서는 두 가지 기능 그룹이 필요하다. '조회전용그룹'과 '생성편집그룹'이라고 간단히 이름을 지어보자. '조회전용그룹'에 필요한 기능에는 어떤 범위까지 포함되어야 하는지, 그리고 '생성편집그룹'에 필요한 기능에는 어떤 것들이 있어야 하는지 세부 기능들을 가지고 분류해 보자.

> - 조회전용그룹 : 리포트 실행, 리포트 조작(피벗, 정렬 , 합계, 파생 요소 추가, 드릴,…), 리포트 내보내기 기능 등
> - 생성편집그룹 : 리포트 실행, 리포트 편집/삭제 , 리포트 저장, 리포트 조작(피벗, 정렬 , 합계, 파생 요소 추가, 드릴,…), 리포트 내보내기, 데이터파일 업로드 기능 등으로 구분해 볼 수 있다.

기능 권한은 초기 사용자는 OLAP 사용 기능에 대한 지식이 부족하므로 단순 조회하는 권한그룹으로 사용하다가 어느 정도 익숙해지면 리포트를 생성하고 편집하는 권한그룹으로 이동할 수 있도록 체계를 마련해 놓으면, OLAP시스템 사용 등급에 대한 체계적인 관리가 가능하다.

또한 사용자 등급 관리로 데이터베이스를 사용하는 사용자 그룹을 분리할 수 있다. 즉 단순 조회하는 그룹의 사용자는 데이터베이스에서 빠른 결과를 제공할 수 있도록 자원을 설

계하고, 리포트 생성 및 편집이 잦은 사용자 그룹은 데이터베이스에 대한 사용률이 높기 때문에 필요한 자원 설계가 위의 단순 조회그룹과는 다르게 설계되어야 한다.

OLAP기능 권한은 데이터베이스 사용 패턴에 영향을 주기 때문에 DB 관리자와 협의해서 사용자 비율 등을 결정하는데 참고해야 한다.

앞에서 살펴본 것처럼 OLAP에서는 접근권한, 데이터권한, 기능권한 등 다양한 권한이 구비되어야 하고, 이런 권한들을 잘 설계해서 사용해야 한다. 어느 하나만의 권한이 아니라 복수개의 권한이 필요하고, 권한 부여의 효율성을 위해서는 보안롤 등을 사용해서 미리 필요한 기능 그룹을 설정하고, 해당 기능을 상속받아 사용할 수 있도록 설계되어야 한다.

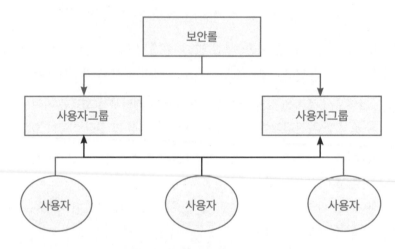

[보안롤과 사용자그룹간의 관계도]

통계 기능

OLAP에서는 사용자가 수행한 리포트 로그 정보를 별도로 관리한다. 해당 로그 정보를 참조로 해서 얼마나 수행했는지, 언제, 어떤 시간대에 가장 많이 활용되었는지 등의 현황 파악이 가능하다.

OLAP 에서 제공하는 로그를 통해 분석 가능한 통계정보를 살펴보자.

- 하루 사용자는 얼마나 되는지?
- 하루 리포트 실행 건수는 얼마나 되는지?
- 요일별 사용 패턴은 얼마나 되는지?
- 어떤 조직에서 가장 많이 사용하는지?

- 어떤 사용자가 가장 많이 사용하는지?
- 리포트 수행시간이 가장 긴 리포트는 어떤 것이 있는지? 이 리포트의 소유자는 누구
  인지?
- 하루 시간대 중 어느 시간대에 가장 리포트 수행이 많은지?
- 리포트 수행시간그룹(1분이내, 5분이내, 10분이내,...)별 분포는 어떻게 되는지?
- 어느 실적을 가장 많이 조회하는지?

다양한 분석 시나리오가 가능하다.

이런 시나리오를 지원하기 위해서는 통계 로그가 어떻게 쌓여야 하는지 구조를 살펴보자.
통계 로그 테이블 구조는 대략 다음과 같은 레이아웃을 가져야 한다.

- 리포트 로그: 리포트ID, 사용자ID, 수행 채널, 수행 일시, 수행 시간(DURATION), 리
  포트수행상태, 오류 코드, 오류 메시지
- 리포트SQL로그 : 리포트ID, 사용자ID, 수행 일시, 수행SQL

이 두 개의 로그테이블은 필수로 있어야 한다. 또한, 물리적 DB 사용량을 파악하기 위해
[리포트SQL로그] 테이블에서 생성된 SQL정보를 활용하여 파싱(Parshing)된 객체 정보를
별도로 저장하여 사용하기도 한다.

- 리포트 객체(Object) 로그 : 리포트ID, 사용자ID, 테이블ID, 칼럼ID, 수행 일시 등을
  담고 있다.

해당 리포트 객체 로그로 다음과 같은 분석 시나리오가 가능하다.

- 어느 실적 테이블을 가장 많이 사용하는지?
- 어느 테이블의 칼럼 항목을 가장 많이 사용하는지?

등을 통해 테이블, 칼럼 단위로 최적화 할 수 있는 근거 자료가 마련되고, 이를 바탕으로
성능 튜닝도 가능하다. 실제 미사용 항목을 도출할 수 있어서 활용도가 높은 편이다.

필자가 해당 객체 로그로 튜닝한 실제 사례로는

- Index 생성 : 가장 많은 조합이 발생하는 칼럼 들을 찾아서 데이터베이스 인덱스 생
  성에 활용했다.
- 칼럼 순서 조정 : 주사용 빈도의 칼럼과 낮은 사용 빈도의 칼럼을 구분하여 테이블 칼
  럼 순서를 조정하기도 했다. 칼럼을 많이 보유한 테이블은 수평 분할해서 테이블을
  나누어서 관리하기도 하는데, 이 경우에 주사용 빈도의 칼럼을 모아놓은 테이블과 사

용 빈도가 낮은 칼럼들을 모아놓은 테이블을 물리적으로 구분해서 생성한다면 테이블 접근 효율측면에서 상당히 좋은 효과를 보여주기도 한다.
- 리포트 합리화 : 1년내 사용빈도가 극히 저조한 테이블은 별도로 추출하여 해당 데이터에 대한 사용여부를 확인하고 테이블 폐기를 진행해왔다. 이렇게 주기적으로 테이블 폐기를 수행하면서 자연스레 리포트 합리화도 같이 진행할 수 있었다. 새롭게 생성되어 분석을 요구하는 데이터와 지나간 오래된 데이터를 주기적으로 교체하면서 데이터에 대한 라이프사이클 (LifeCycle) 관리가 가능하게 된다.

다음은 OLAP이 제공하는 여러 부가서비스 기능에 대해 알아보자.

메일 서비스

OLAP은 기본적으로 제공하는 리포팅 기능 이외에도 다양한 서비스를 제공한다.
가령, 리포팅 결과를 메일(e-mail)을 통해서 전파하기도 한다.
보통은 리포트 결과를 엑셀(Excel) 같은 파일로 결과를 받아서 관리하지만, 메일로 결과를 서비스하면 장소에 구애 받지 않고 어디서든지 활용할 수 있어서 편리하다.
메일 서비스 형태도 여러 가지가 있을 수 있는데,

1) 특정 리포트를 특정인 대상으로 제공하거나 다수인에게 서비스하는 경우
2) 특정 리포트 결과에 포함된 내용을 기준으로 다수인에게 분배 서비스하는 경우

일반적으로 1)번 형식이 흔히 이용되지만, 특수 목적에 따라서 리포트 내용이 가변적인 경우는 2)번 형식을 활용하기도 한다. 2)번 사례로는 '계약을 담당한 매니저에게 실적을 발송해야 하는 경우'는 리포트에 실적이 발생한 계약 건에 한해 관리자 주소 정보를 이용해 바로 발송하는 자동 메일링 서비스가 가능하다.

스케쥴링 서비스(Scheduling Service)

앞에서 리포트에 대한 메일서비스가 가능하다고 했다. 그러면 메일 서비스를 할 때 특정 시간에 발송이 되도록 가능할까? 발송 서비스에 시간까지 설정할 수 있는 기능을 스케쥴링 기능이라고 한다.
스케쥴링 기능으로는 시간 기준(Time-Based)의 스케쥴과 이벤트 기준(Event-Based)의 스케쥴이 있다.

시간 기준(Time-Based)의 스케쥴 설정 옵션은 적어도 다음 정보를 제공해야 한다.

- 주기 : (매일, 매주 , 매월) + 1회성/ 반복성 선택
- 시간대 : 24시간내 지정 시간 설정

주기는 특정 시점의 1회성 지정도 가능하고, 반복적인 작업 지정도 가능해야 한다.
예를 들면, '매월 1일 08시 00분'으로 설정한 스케쥴은 매월 1일은 영업 마감을 하기 때문에 오전 8시에 마감 자료를 수신할 수 있도록 작동하는 스케쥴이다. 해당 주기는 반복적으로 수행되는 스케쥴에 해당된다.
특정 일에 서비스하는 예로, '12월 26일 09시 00분' 스케쥴은 마케팅 담당자가 이번 크리스마스 시즌에 시행한 마케팅 효과를 분석하기 위해 크리스마스 당일 매출을 익일에 받고자 하는 경우 이 스케쥴을 활용할 수 있다.

이벤트 기준(Event -Based) 스케쥴은 특정 이벤트가 시작, 종료되는 시점을 기준으로 작동한다. 그래서 사전에 특정 이벤트가 등록되어 있어야 활용 가능하다. 흔히 사용하는 이벤트에는 일 단위 배치 작업이 종료되는 시점 이벤트가 있을 수 있다. 이 이벤트가 작동하면 최신 리포트 추출이 가능한 시점이라는 것을 알 수 있다. 일 배치 작업 종료 이벤트는 배치 처리를 하는 서버에서 종료를 알려주는 트리거 (Trigger)를 발생시키면 해당 트리거를 이벤트로 받아서 사용하면 된다.
시스템 장애가 발생해서 평소보다 늦게 배치 작업이 끝나는 경우나 종료 시간을 알 수가 없는 경우라면 이벤트 스케쥴을 이용하여 필수로 처리해야 하는 리포트를 안전하게 수행할 수 있도록 한다.

트랜잭션 서비스

일반적으로 OLAP 은 조회서비스만 제공하는 것으로 알고 있다. 그러나 최근에는 조회뿐만 아니라 간단한 트랜잭션을 처리할 수 있는 기능도 제공한다.
활용 사례로는 신규 코드가 발생하여 들어오거나, 기존 코드 명칭 등 변경이 자주 일어나는 디멘젼(Dimension) 테이블에 대해서 사전에 디멘젼 조회용 리포트를 만들어 놓고, 해당 리포트에서 변경 처리 트랜잭션(transaction)을 수행할 수 있도록 한다면, 디멘젼 유지 관리를 편리하게 할 수 있다.
단, 주 사용 팩트(Main Fact) 테이블에 대한 직접적인 보정 작업 트랜잭션은 데이터에 대한 신뢰를 잃을 수 있기 때문에 가급적 적용하지 않는 것이 바람직하다. 이런 데이터 보정 작업으로 인해 이전에 추출한 리포트 결과에 대한 재 사용성의 신뢰 문제가 발생할 수 있

으며, 또한 주사용 팩트 테이블은 대량 데이터를 보유하기 때문에 보정 시간이 오래 걸린다. 이 보정 기간 동안에 조회 시 락(Lock)이 발생할 수 있어서 사용자의 불편을 초래할 수도 있기 때문이다. 그래서 가급적 디멘전 테이블에 대한 데이터 보정 정도로 활용하는 것을 권고한다.

트랜잭션 서비스를 어떻게 이용할 수 있는지 예제를 하나 살펴보자.

위 예시 화면은 실제 운영업무에서 Admin 관리자 계정을 사용한 이력을 공유하기 위해서 작업일지 형식으로 남기는 예제이다.
누가 언제 어떤 목적의 작업을 수행했는지를 파악할 수 있도록 등록 및 수정, 삭제 기능을 포함하는 간단한 트랜잭션용 리포트이다. 필요 항목만 최소한으로 해서 운영에 잘 활용하고 있다.

공유 기능

OLAP에서는 리포트 결과를 여러 방식으로 공유 가능하다.
특정 공유 폴더를 생성해서 해당 폴더에 리포트를 공유하는 방식이 있다. 물론 해당 공유 폴더에 대한 접근 권한은 보유하고 있어야 한다.
또는 리포트 공유하기를 통해 특정 사용자에게 리포트 접근 권한을 바로 부여하여 사용하도록 하는 방법도 있다.

최근에는 메신저(Messenger) 기능이 있는 대화 창 등을 통해 생성한 대시보드 정보를 공유하거나, 상세 분석을 위한 특수 필터를 생성해서 개체 단위까지 공유가 가능하도록 하고 있다. 이런 공유 기능을 통해 여러 사람이 함께 분석을 진행할 수 있는 환경을 제공하는 추세이다. 정보 공유 방식은 계속 발전해 나가는 추세이고, 사용자마다 취향에 맞는 방법을 선택해서 사용하면 된다.

코로나 사태 이후 사용자 공유 기능에 대한 요구 사항은 점점 더 커지고 있다.

이외에도 OLAP솔루션은 계속해서 최근 기술 트렌드(Trend)에 맞춰 새로운 기능들을 사용자에게 내놓고 있는 추세다. 머물러 있는 솔루션은 더 이상 그 가치를 발휘하지 못한다. 데이터 분석에 대한 사용자 방향을 잘 확인해서 최신 기술을 도입하고 사용자 편의성을 도모해야 그 생명력을 유지할 수 있을 것이다. 계속해서 OLAP을 사용할 수 있기를 기대해본다.

<u>02</u>

대시보드
이야기

아름다운 대시보드를 추구하며…

차례

현대 사회는 데이터 사회다. 사람들이 생활하고 이동하는 곳곳마다 데이터 흔적이 남는다. 이 이동 데이터만으로도 누가 어디에 살고, 어디에서 직장 생활을 하는지 등의 정보를 판별할 수 있고, 어떤 교통수단을 이용하는지, 어떤 장소를 주로 선호하는지 등의 정보도 알아낼 수 있다.

요즈음은 데이터만 있으면 개인의 생활 동선이 그대로 드러난다. 실로 엄청난 도구이다. 이런 정보 추출이 가능한 이유는 최근 데이터를 담는 저장소 공간이 충분히 확보되고, 저비용으로 운영 가능하기 때문이다. 또한 대량의 데이터로부터 정보 추출이 가능한 분산처리 기술 기반의 빅쿼리(BigQuery) 기능을 사용할 수 있다는 것도 한몫을 담당하였다.

이런 기술 기반이 뒷받침되기에 대용량 데이터 분석이 가능하고, 분석된 정보에서 시각화 도구를 사용하여 새로운 인사이트(Insight)를 발견하게 된 것이다. 데이터 분석에 있어서 시각화의 중요성이 증가하면서 대시보드의 역할이 크게 대두되었고, 그것이 분석 과정 및 분석 결과를 전달하는 데 있어서도 중요한 도구로 주목받기에 이르렀다.

그 동안 OLAP 솔루션의 일부인 대시보드를 이용하여 주로 시각화를 구현해왔다. 단순 리포트에서 부족했던 부분을 대시보드는 충분히 보완할 수 있었고, 그 사용법도 직관적이고 쉬웠다. 사용자들도 기존 OLAP과 달리 쉽게 받아들여 활용을 했고, 사용자 역량에 따라서 훌륭한 의사전달 도구로 이용되었다.

그래서, 대시보드를 처음 접하는 사람들이 가질 수 있는 고민 및 사용법에 대해서 길잡이 역할을 기대하면서 대시보드가 어떤 기능을 제공할 수 있는지, 어떻게 사용해야 하는지 등을 정리해보고자 한다.

여기서는 대시보드에 대해 다음과 같은 이야기를 다루어 보려고 한다.

- 대시보드는 무엇인가?
- 대시보드를 왜 사용하는가?
- 대시보드 작성시 주의할 내용으로 무엇이 있는가?
- 대시보드 구성요소로 무엇이 있는가?
- 대시보드는 어떻게 만들어지는가?

대시보드는 무엇인가?

대시보드(Dashboard)는 데이터를 시각적으로 표현한 형상이다. 시각적으로 표현될 수 있는 형태는 그리드(일반 행x열 표시), 그래프, 텍스트, 이미지 등이 있다.
대시보드는 데이터를 시각적으로 표현하여 사용자에게 정보 전달을 쉽게 하려는 용도로 주로 사용한다.

대시보드를 왜 사용하는가?

일반적으로 데이터를 단순 표 형태인 그리드(grid) 형식으로 표현하면 전체 데이터를 요약 형태로 볼 수 있어서 데이터를 쉽게 찾아 읽을 수가 있으나, 표 안의 데이터간의 비교 의미가 쉽게 눈에 띄지 않는다.
그래서 표 형태의 데이터를 그래프 형식으로 변환하면 데이터 비교가 다소 쉬워진다. 또한 많은 데이터를 그래프 형태로 간단하게 제공할 수 있고, 관련 데이터 정보를 엮어서 다양한 포맷으로 정보 제공이 가능하기에 정보 전달 및 의사 소통 측면에서 주로 사용하게 된다.

대시보드 작성 시 주의할 내용으로 무엇이 있는가?

일반적으로 대시보드는 데이터 제공 시 비슷한 패턴의 시각화 형태를 사용하여 통일성을 가져가려는 경향이 있다. 그래서 초기 시각화 템플릿 작성시 주의를 기울여야 한다.
대시보드에 많은 내용을 담게 되면 해석해야 할 내용이 많아져서 오히려 사용자에게 혼란을 초래할 수 있기 때문에 한 화면에 제공할 정보의 양을 제한해야 한다.
또한 제한으로 인해 표현되지 못하는 부가적인 정보는 다른 연결 개체 형태를 지원하는 버튼이나 링크 등을 활용하여 정보 흐름이 이어질 수 있도록 분리해서 제공해야 한다.
대시보드 내에 많은 시각화를 생성하다 보면 대시보드 페이지 로딩 (Loading) 시에 과부

하가 걸릴 수 있어서 정보 파악 흐름이 끊길 수 있다. 가능한 적당한 수준의 시각화를 담아서 페이지 간의 이동을 빠르게 할 수 있도록 해야 한다.

대시보드 구성요소로 무엇이 있는가?

대시보드에 담을 수 있는 시각화의 형태로는 그리드(일반 행x열 표시), 그래프, 텍스트, 이미지 등이 있다. 각각의 구성요소에 대해 자세히 알아보자.

- 그리드
- Tabular 형식의 행과 열 포맷으로 데이터를 제공한다.
- 그래프
- 다양한 시각화 차트(Chart)로 데이터를 제공한다.
- 막대 그래프, 선 그래프, 누적 그래프, Bullet 차트, 버블(Bubble)차트, 지도(Map) 등이 있다.
- 텍스트
- 중요하게 다루어져야 하는 데이터를 강조하여 표시할 때 사용한다.
- 대시보드 전반적인 내용에 대한 설명을 제공할 때 사용한다. 주로 주석형(Descriptive) 네이터 성보를 제공할 때 사용한다.
- 이미지
- 대시보드에서 배경 처리나 해당 주제와 관련된 이미지를 사용하여 내용을 전달한다.

대시보드는 어떻게 만들어지는가?

대시보드 만드는 과정을 살펴보자.
1) 먼저 비즈니스 요건을 파악하여 대시보드에 담을 내용을 설계한다.
2) 설계된 내용을 사용자와 1차적으로 협의한다.
3) 협의된 내용을 기반으로 제공될 데이터에 적당한 시각화 차트를 선택한다.
4) 페이지마다 제공될 데이터 및 시각화를 분류한다.
5) 최종 대시보드 개발 시에 참고할 대시보드 템플릿을 작성한다.
6) 대시보드 개발을 진행한다.
7) 사용자와 계속된 피드백으로 대시보드를 완성해 나간다.

대시보드 템플릿 작성 시 고려 사항

다음은 대시보드 템플릿 작성시 고려할 사항에 대해서 알아보자.

대시보드에 사용되는 템플릿은 전체적인 통일성 및 포맷 상의 일관성을 제공하기에 그 역할이 굉장히 중요하다.

첫 번째, 대시보드 템플릿에 담을 내용으로는 전체적인 배치 윤곽을 먼저 설계한다.
예로, 핵심 지표(KPI)는 화면 상단에 배치한다. 대시보드 생성 일자나 제공되는 데이터 제공 일자는 우측 상단에 배치하며 데이터 단위도 우측 상단에 배치한다. 또한, 동일 데이터로 그래프와 그리드를 제공하는 경우는 그래프를 우선 배치한다.
두 번째, 대시보드에서 사용할 주요 색상 및 디자인 요소 등을 설계한다.
예로, 주요 색상은 명암 및 채도를 고려한 5가지 색상으로 한정한다. 브랜드 이미지를 사용할 때는 이미지의 사이즈 표준을 제시한다.
세 번째, 그리드 및 차트에서 사용할 옵션 및 색상 등을 설계한다.
네 번째, 대화형 대시보드인 경우는 상호작용을 위한 개체 배치 및 제공 방식을 설계한다.
예로, 버튼(Button) 방식이나 리스트 상자(List Box) 선택 방식 또는 라디오 버튼(Radio Button)형 옵션 선택 방식 등의 개체 사용에 대해 상세히 설계해줘야 한다.

대시보드 템플릿 레이아웃(Layout) 설계 시 유의사항에 대해 좀 더 자세히 알아보자. 대시보드 템플릿에 담을 내용을 파악하여 전체 적인 배치 윤곽을 먼저 설계한다.

　　예시)
　　- 상단에 브랜드 배치
　　- 제목 배치
　　- 우측 상단에 단위 정보 배치
　　- 전체 배치를 2등분 또는 3등분한다
　　- 상단 : 제목 및 설명 표시
　　- 중단: 그래프1 배치
　　- 하단: 그래프 2, 3 배치
　　- 하단 그래프는 2종을 넘지 않는다

등을 고려하여 설계될 수 있다.

위의 내용들을 고려하여 다음과 같이 설계될 수 있다.

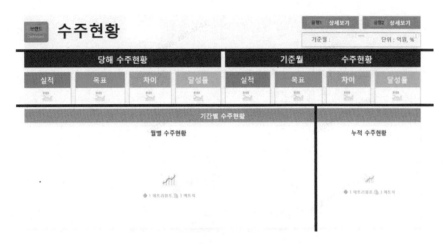

[배치 레이아웃]

배치 레이아웃의 기준을 잡아서 각각의 영역에 필요한 시각화 유형으로 데이터를 채우도록 구도를 잡는 단계이다.

대시보드 주요 색상 및 디자인 설계 방법에 대해서 좀 더 알아보자.

  예시)
  - 색상은 10종 안에서 사용한다
  - 등록된 색상 안에서 데이터에 대해 일정한 색상을 미리 정하여 사용한다. 즉, 목표 값은 파란색으로, 실적 값은 연두색 등으로 통일 하여 색상만으로도 식별할 수 있도록 한다.

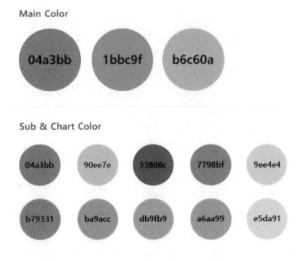

[대시보드 색상표]

위 예시는 주 사용 색상과 보조 색상을 준비하여 사용할 수 있도록 했다.

다음은 대시보드 차트(Chart) 옵션 설계에 대해서 알아보자.
여기서는 차트 옵션 및 색상 등을 설계한다.

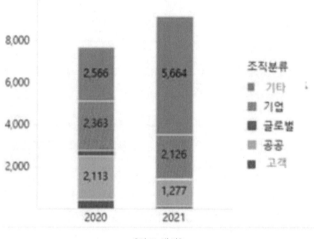

[차트 색상]

또한, 축(Axis) 스케일 및 복합 축(이중 축) 배치 등을 설계한다.

[이중 축 표시]

다음은 대화형 개체 제공 방식에 대해 알아보자.
대화형 대시보드인 경우는 상호작용 가능한 개체 배치 및 제공 방식을 설계한다.
예시로 버튼 클릭 시 하단 그래프가 변경되도록 한다.

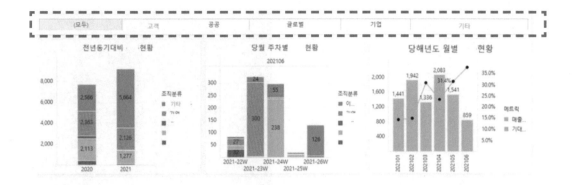

[대화형 그래프 예시]

대시보드 차트 사용법

다음은 대시보드 차트 사용법 및 주의사항에 대해서 알아보려 한다.

막대 그래프

- 가독성이 있도록 적절한 막대 개수를 정한다(8~12)

  믹대 수가 직은 경우는 막내 쪽을 넓게 하여 공간을 채운다.
- 누적 막대 경우는 막대 내의 세부 영역들이 식별될 수 있도록 축의 스케일을 조절한다.
- 다른 차트와 복합으로 사용하는 경우는 값들이 중첩되지 않도록 양 축의 기준점을 조정한다.
- 범례는 반드시 표기한다.

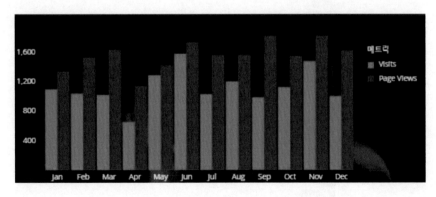

[세로 막대 차트] *

---

* https://demo.microstrategy.com/

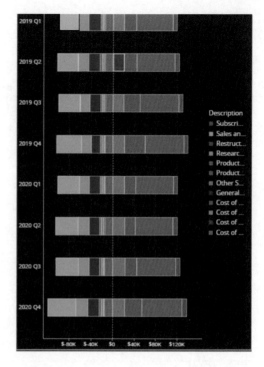

다음은 가로 막대그래프를 구현한 예시이다. X축의 주요 값 기준선을 추가하여 좌우 대비 항목을 명확히 구분할 수 있다.

* [가로 막대 차트]

다음은 막대 그래프와 선 그래프를 같이 사용하는 예시이다.
주로 기본 수치 지표와 이와 비교할 증감률, 백분율 지표 등을 같이 표시할 때 사용한다.

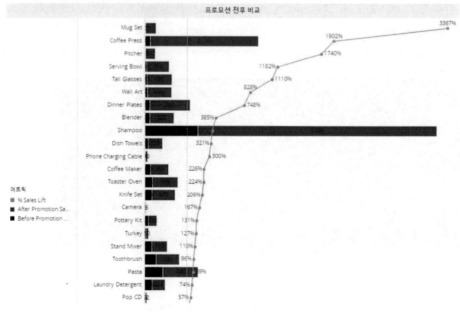

[콤보 차트 - 막대와 선 그래프] **

* https://demo.microstrategy.com/
** https://demo.microstrategy.com/

선 그래프

- 단독으로 사용될 때 선 색깔이나 두께를 잘 활용하여 표시한다.
- 표시하려는 선이 많은 경우 선들이 겹치지 않게 축의 스케일을 조절한다.
- 데이터는 선 그래프 내에 마커(원, 네모, 세모 등)를 이용하여 표시하면 경계 구분이 잘 드러나고 데이터 흐름 위치가 명확하게 전달된다. 또한 마커(Marker)와 같이 수치를 표시할 때는 수치는 가급적 겹치지 않게 표시한다.
- 배경 이미지와 함께 사용하면 그래프가 더 선명하게 전달된다.
- 범례는 반드시 표기한다.

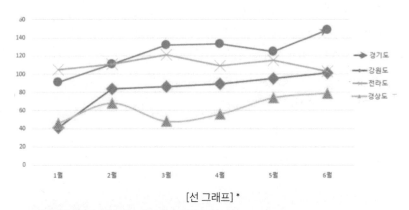

[선 그래프] *

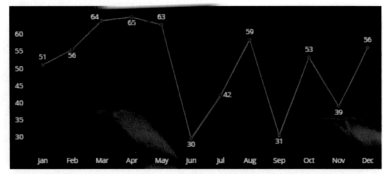

[선 그래프2] **

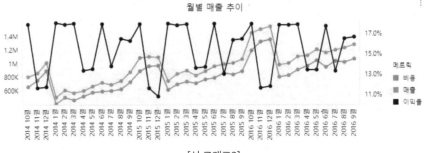

[선 그래프3]

* https://demo.microstrategy.com/

** https://demo.microstrategy.com/

위 그래프 [선 그래프3]는 매출과 비용, 이익률에 대해 월 단위로 추세를 보여주고 있다.

해당 그래프를 설계하려면, 다음과 같이 수평 X축과 수직 Y축에 관점과 지표를 추가해주면 된다. 색상 지정 부분은 지표(메트릭)가 여러 개이면 이 지표별로 색상을 달리하여 표시하도록 한다. 그리고 이익률은 매출과 비용과 다른 단위를 사용하므로 축을 달리 설정하여 같이 볼 수 있도록 설계해야 한다. 여기서는 오른쪽 축에 이익률을 표시하도록 설정하였다. 옆 설정화면에서 이익률 지표 오른쪽에 있는 작은 격자(matrix)아이콘을 보면 격자아이콘의 오른쪽 끝부분에 화살표 표시가 있다. 반면, 매출, 비용 지표의 격자아이콘은 왼쪽 끝부분에 화살표 표시가 있다. 이 화살표가 왼쪽, 오른쪽 축을 표시하는 셈이다.

[선 그래프 설정 화면]

영역 그래프

· 영역간의 구분이 잘 될 수 있도록 색상을 선택한다.
· 표시하려는 영역이 많으면 육안으로 구분이 힘들기 때문에 적당한 범례 개수를 정한다(3~8개)
· 누적 영역인 경우는 기존 색상 위에 다른 색상이 겹쳐서 표시되므로 짙은 색에서 옅은 색 순서로 사용한다.
· 범례는 반드시 표기한다.
· 축은 0에서 시작해야 이해하기 쉽다.

[영역 그래프]

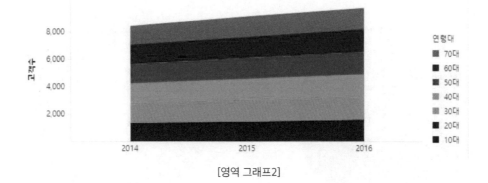

[영역 그래프2]

위 그래프 [영역 그래프2]는 연도별 고객수 변화 추이를 연령대로 구분해서 보여주고 있다. 연도별로 볼 때, 전체고객수가 상향하고 있고, 연령대로 봐도 같은 상향 흐름세를 보이고 있다. 그러나 상향 폭은 연령대 간의 큰 차이는 보이고 있지 않다.

그래프 디자인 시에 설정해야 할 값은 수평, 수직 그리고 영역을 구분(Break by)될 항목이 최소한 설정되어야 한다. 여기서 색상과 구분(Break by)항목은 같은 값으로 설정이 되어있다. 색상 지정은 생략도 가능하다.

[영역 그래프 설정 화면]

파이 그래프

· 영역간의 비율 합이 100%이어야 한다.
· 영역 범주의 개수는 구별이 가능한 수준이어야 한다(2~8개)
· 영역 범주별로 색상을 부여할 때 색상이 많으면 구별이 어렵다.
· 범주가 많은 경우는 단색으로 명암을 조절하면서 사용한다.
· 비율 값과 함께 데이터 레이블도 같이 표현해준다.
· 도우넛(doughnut) 차트도 사용시 파이 차트와 같은 주의를 요한다.

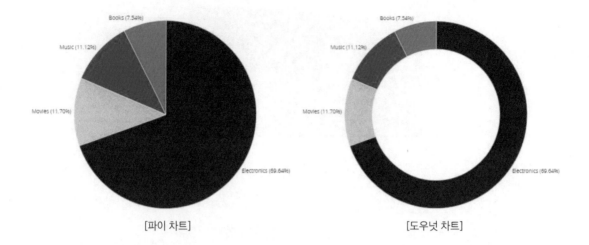

[파이 차트]   [도우넛 차트]

위 그래프는 전체 매출에 대해 상품(category)별로 차지하는 비율을 보여준다. 상품간의 비율 차이가 쉽게 구분이 된다. 그래프 디자인 시에 설정해야 할 값은 전체 원을 채울 수치값 지표를 **각도** 항목에 선정하고, 개별 **조각**을 구분할 항목으로 관점을 설정한다. **색상**은 조각과 같은 관점 항목으로 하거나, 설정하지 않으면 동일 색상으로 조각만 나누어진다.

[파이 차트 설정 화면]

KPI 그래프

- 핵심 지표 값을 KPI로 표시한다.
- KPI는 눈에 뛸 수 있도록 글자크기는 다소 크고 굵게 처리한다.
- 핵심 KPI와 비교되는 값은 KPI보다 작은 글자를 사용한다.
- 기준시간 대비 흐름도도 같이 표현해줄 수 있다.
- KPI에 사용되는 값의 단위는 별도 표시한다.

[KPI 차트] *

[KPI 차트2]

위 그래프[KPI차트2]는 고객 등급별 고객수 현황을 KPI차트로 표시하여 숫자만을 강조하여 한눈에 파악될 수 있도록 하였다. 또한 부가적으로 연도별 추세 그래프(하단 노란색 영역) 및 이전 년도 대비 고객수 성장률(연두색 사각영역)을 같이 표시해주고 있어 연도별 흐름 및 성장률도 같이 파악이 가능하다.

위 그래프를 설계해보자. 설정 방식은 단순하다. 여기서 기본적으로 KPI로 사용할 **지표(메트릭)**인 고객수만 설정할 수도 있지만, **구분(break by)** 항목에 관점을 표시하면 관점 요소 값(세부 데이터 값) 별로 KPI가 분리되어 표시되고, **추세**에 설정하는 연도는 자동으로 이전 대비를 계산할 수 있는 기준 관점으로 작동한다.

[KPI 차트 설정 화면]

---

* https://docs.tibco.com/pub/spotfire_server/10.3.2/doc/html/ko-KR/TIB_sfire-bauthor-consumer_usersguide/GUID-2C28B506-E210-4F6B-9BFF-F424757D857C-display.png

불릿(bullet) 그래프

- 목표 값 대비 실제 도달한 값의 차이 정도를 표현하고자 할 때 사용한다.
- 목표 값은 눈에 띌 수 있게 분명한 경계를 보여주도록 한다.
- 목표 도달 수준을 파악할 수 있게 실제 값은 원이나 네모 등의 마커(Marker)를 이용

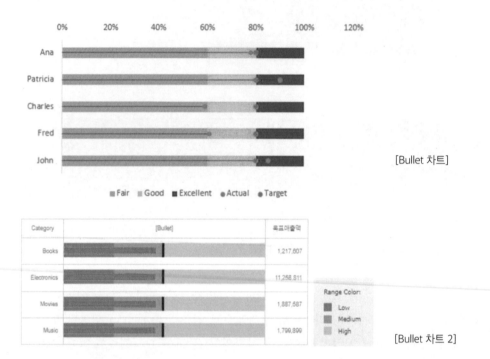

[Bullet 차트]

[Bullet 차트 2]

하여 색상을 강조하거나 막대 크기를 달리하여 표현한다.

위 그래프[Bullet 차트2]는 상품별 목표대비 달성 현황을 나타낸 그래프이다. 가운데 검은 수직선이 목표 매출액이고, 주황색이 현재 매출액을 보여주고 있다. 범위 색상(Range Color)은 목표대비 달성률에 따라 색상을 달리해서 표시되며, 어느 색상 구간에 있는지 파악하는 정도만으로도 달성률에 대한 성취 정도를 알 수 있다.

그래프 디자인 시에 설정해야 할 값은 개별 관점 항목(Category)별로 목표대비 달성률을 파악할 목표 값(Target)과 실제 값(Actual)을 설정한다. 달성률 정도를 구분하기 위한 색상을 표시하려면 범위를 제공할 기준 값을 설정한다. KPI항목은 오른쪽 끝에 목표 KPI를 표시하고자 하는 경우 추가로 설정한다.

[Bullet 차트 설정 화면]

산점도(Scatter) 그래프

· 산점도에서는 두 지표 간의 관계성을 파악한다.

· 밀집도가 높아서 분석이 힘든 경우는 스케일을 조정해서 가독성을 확보한다.

· X, Y 두 축(axis)에는 반드시 지표가 와야 한다.

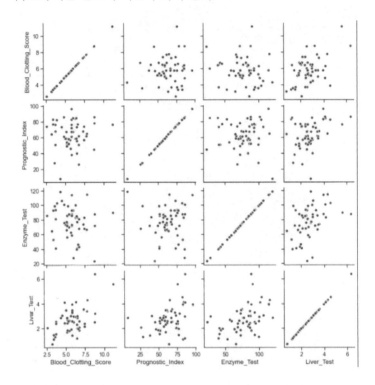

[산점도 그래프]

버블(Bubble) 그래프

· 지표 값의 크기는 버블 사이즈로 조절한다.

· 버블 사이즈는 원의 지름이 아니라 면적으로 한다

· 범례에 사용되는 관점은 색상으로 구분한다.

· X 축에는 관점이나 지표 둘 다 사용 가능하다.

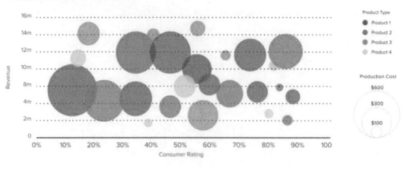

[버블 차트 1]

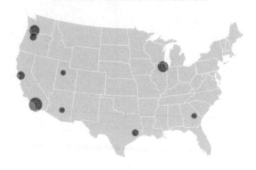

[버블 차트 2]

[버블 차트2]는 지도 등의 배경과 함께 값을 표시할 때 흔히 사용되기도 한다.

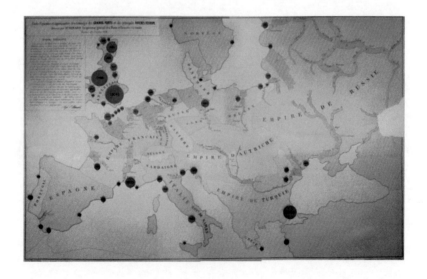

[버블 차트 3]

[버블 차트 3]은 1859년 Charles Joseph Minard (프랑스 토목기사 1781- 1870)가 "유럽의 주요 항구와 강의 총 톤수에 관한 비유적이고 근사적인 지도"라는 제목으로 버블 차트를 사용하여 전달하고 있다. 표현하려는 데이터를 적절한 배경을 활용하여 독자에게 강

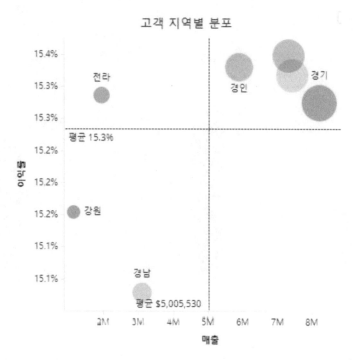

한 인상을 제공하고 있다.

[버블 차트 4]

위 그래프[버블 차트4]는 지역별로 매출과 이익률과의 관계를 표시하고 있다. 버블의 크기는 고객 수에 따라서 다르게 표시되어 지역별 고객 분포에 대한 추가 정보를 파악할 수 있다.
이 그래프를 디자인하려면 다음과 같이 설정하면 된다.
먼저 산점도 차트처럼 두 지표와의 관계를 파악하도록 수평과 수직 축에 각각 매출과 이익률 지표를 설정한다. 버블의 크기(다음으로 크기 조정)는 고객수 지표로 표시하고, 구분(break by) 항목으로는 고객 지역별로 버블을 세분화하도록 설정하면 된다.

[버블 차트 설정 화면]

폭포수 그래프 (Warterfall Chart)

· 시작점부터 끝점까지의 증감 변화량을 쉽게 파악할 수 있다.
· 누적된 결과값을 해당 구성 관점들의 요소로 한 눈에 파악할 수 있다.

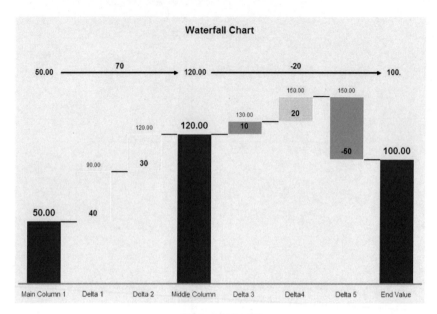

[Waterfall Chart] *

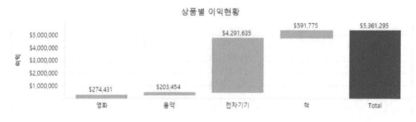

[Waterfall Chart 2]

위 그래프[Waterfall chart2]에서는 Total 값이 처음부터 마지막 항목까지의 누적 값을 보여준다. 해당 그래프를 그리기 위한 옵션을 잠깐 살펴보면, 증가와 감소에 대한 색상을 별도로 설정하게 되어 있다. 이는 서로간에 약속된 색상으로 공유하도록 하기 위해서다. 증감에 대한 색상은 사용되는 대상 지표에 따라서 서로 상반되게 설정할 수 있으므로 지표별 의미를 파악해서 적용하는 것을 권고한다.

해당 그래프는 다음과 같이 증감을 표시하려는 관점을 수평에 지표는 수직에 설정하면 된다. 설정할 내용은 단순하다.

https://img1.daumcdn.net/thumb/R1280x0/?scode=mtistory2&fname=https%3A%2F%2Fblog.kakaocdn.net%2Fdn%2FbY
sYGg%2FbtqLLHaFBH4%2FGG1dKbRi1eEsP2BK3dowU0%2Fimg.jpg

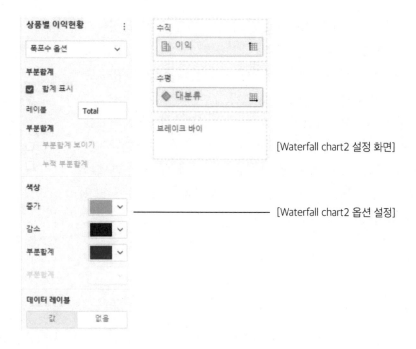

[Waterfall chart2 설정 화면]

[Waterfall chart2 옵션 설정]

상자 그래프(Box Plot)

· X축에 있는 관점별로 지표에 대한 사분위수를 보여주고, 궁극적으로 이상치 (Outlier)가 있으면 이들 값의 분포 개수를 부여준다.
· X 숙에 있는 관점 간의 Y축 지표의 분포 형태(평균값 위치 및 분포 범위)를 비교하기 위해 주로 사용된다.

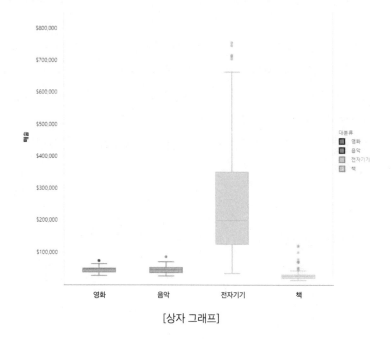

[상자 그래프]

이 상자 그래프로 상품간의 매출 차이를 쉽게 알 수 있다. 전자기기가 매출이 높게 나오며, 영화나 음악은 다소 비슷한 매출을 보여주고 있다. 또한 책의 세부 상품에는 일반적인 매출 범위를 벗어나는 상품이 있다는 것을 알 수 있다.

이 그래프를 설계하려면 다음과 같이 사분위수를 구할 지표를 수직 축에 설정하고, 수평 축에는 구분할 관점을 설정한다. 여기서 구분(break by) 항목은 사분위수를 구할 때 상세 레벨에 해당하는 항목이다. 이 항목에 대해서 이상치(Outlier)를 표시하도록 되어 있다.

[상자 그래프 설정 화면]

지금까지 여러 가지 그래프 스타일을 살펴봤고, 사용법 및 주의 사항도 같이 확인하였다. 그래프 사용 시에 어느 부분을 강조할지 색상이나 사이즈 또는 모양 등을 이용해 다양하게 응용할 수 있지만, 직접 경험하면서 색감도 익히고 사용법을 익혀야 대시보드 구현 시에 괜찮은 결과가 나온다. 필자는 색감이 없는 편이어서 이 부분이 쉽지는 않았다. 여러 차례 경험하면서 자연스럽게 익혀가고 있는 형편이다. 대시보드를 구현함에 있어서 디자인 부분이 굉장히 중요하다고 계속 느끼고 있다.

요즘은 시각화를 거의 예술 수준으로 만들어서 제공하는 전문가도 많다. 시각화 전문가가 되려면 먼저 데이터에 대한 높은 이해도를 바탕으로 하기 때문에 데이터 전문가가 되어야 한다.

이전에 데이터에서 발굴한 인사이트(Insight)를 시각화 대시보드로 표시해 놓은 작품을 관람한 적이 있었다. 해당 대시보드에는 많은 내용을 담고 있었기 때문에 한눈에 파악하기는 어려웠고, 오랜 시간 들여다보아야 이해가 되는 그런 예술적 과학 작품 수준이었다. 작품 설명을 도와주는 도우미가 필요한 영역이라고 생각된다.

이런 수준의 시각화를 구현하기 위해서는 많은 경험과 분석에 대한 절대 안목이 필요하다는 게 필자의 생각이다.

마무리하기 전에 몇몇 참고할만한 시각화 작품을 소개해본다.

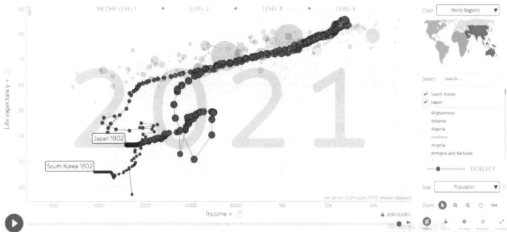

[Dynamic 상호작용 시각화] *

이 작품은 상호작용이 가능한 시각화로 GapMinder사이트에서 참고했다. 여기서는 한국과 일본 두 나라의 시대별(연도) 수입과 기대수명에 대한 인구의 변천 추이를 보여주고 있다. 해당 사이트에서는 세계 여러 국가에서 특정 국가를 선택할 수 있고, 또한 인구뿐만 아니라 영아 사망자, 여성 출산 자녀 수 등 사회적 이슈의 지표를 선택하여 시각화에 활용할 수 있도록 제공하고 있다. 오랫동안 데이터 준비를 해온 노력이 돋보인다. GapMinder는 시각화 도구인 대시보드를 이용해 사회적 관심을 이끌어내는 대표적인 비영리 단체로서 활동하고 있다.

요즈음은 인포메이션 그래픽 (Information Graphics) 즉 인포그래픽 (Infographics)을 이용한 시각화가 웹 디자인 시상식에서 자주 찾아볼 수 있다. 인포그래픽은 정보전달이 쉬워 많은 홍보물에 이용되고 있다. 등장하는 인포그래픽만으로도 전체 주제가 한눈에 파악되기 때문에 굉장히 좋은 시각화 도구라고 생각된다.

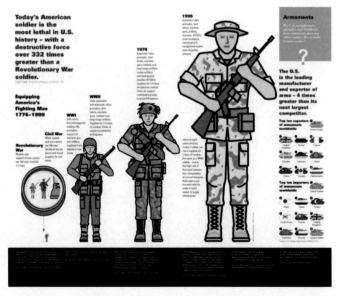

** [인포그래픽:미국의 군사력 증가를 군인 사이즈로 표현하고 있어서 상대적 증가 정보를 쉽게 알아볼 수 있다.]

---

* https://tools-legacy.gapminder.org/tools/

** https://pbs.twimg.com/media/BvsRXXGCQAAWfen?format=png&name=small

다음은 대한민국 국방부에서 내놓은 포스트 홍보물인데, 기본적인 KPI만으로 구성되어 있어 수치 전달이 바로 확인되며, 각 KPI별 이미지 추가로 인해 수치에 대한 설명을 도와주고 있다.

[국방부 포스트] *

다음은 기업에서 주로 사용하는 시각화로 demo.microstrategy.com 사이트에서 가져온 예시이다. 재무 성과 분석 사례로서, 오른쪽 상단은 주요 KPI 지표를 보여주고 있으며, 왼쪽은 메뉴 형식으로 구성되어 클릭하면 서브 화면으로 연결되어 세부 정보를 확인할 수 있도록 설계되어 있다. **

[재무성과 메인 페이지] **

다음은 위의 왼쪽 하단 메뉴인 [financial Statements]를 클릭했을 때 나오는 세부 화면이다.

* https://t1.daumcdn.net/cfile/tistory/254085485402144517

** https://demo.microstrategy.com/MicroStrategyLibrary/app/EC70648611E7A2F962E90080EFD58751/EAF770F9CD46F2
77F7B36588C3425B94/K119--K83

Income Statement		Balance Sheet		Cash Flow	

— Category	Quarter	2020 Q4	2020 Q3	2020 Q2	2020 Q1
	Descriptions	Amount ($K)	Amount ($K)	Amount ($K)	Amount ($K)
— Revenues		$138,145	$125,212	$120,610	$120,576
	Product License Revenue	$32,286	$21,553	$19,118	$21,012
	Product Support Revenue	$75,032	$72,686	$70,766	$70,490
	Subscription Services Revenue	$8,525	$7,725	$8,346	$7,772
	Other Services Revenue	$22,302	$23,048	$22,380	$21,302
— Cost of Revenues		($24,753)	($24,389)	($24,375)	($23,132)
	Cost of Product License	($1,994)	($1,763)	($1,747)	($1,672)
	Cost of Product Support	($4,367)	($4,218)	($4,542)	($4,334)
	Cost of Subscription Services	($3,404)	($3,592)	($3,400)	($3,039)
	Cost of Other Services	($14,968)	($14,816)	($14,686)	($14,087)
— Operating Expenses		($94,636)	($80,248)	($80,562)	($78,093)
	General and Administrative	($21,240)	($19,082)	($19,582)	($20,257)
	Research and Development	($21,419)	($19,360)	($19,561)	($18,426)
	Sales and Marketing	($51,977)	($41,806)	($41,419)	($39,410)
— Other		($44,980)	($2,651)	($4,597)	($4,484)
	Interest (Expense) Income, net	$1,756	$1,449	$1,163	$837

여기서도 상단 탭(tab) 에 있는 Income Statement, Balance Sheet, Cash Flow 별로 다른 재무 페이지 정보를 제공하기 때문에 사용자는 탭을 클릭하여 필요한 정보를 비교 분석할 수 있다.

다음 대시보드는 이미지를 적절히 사용하여 수치 이해를 돕고 있다.
이미지만 봐도 어떤 영역의 데이터를 다루고 있는지 알 수 있다.

이 대시보드는 패션계 회사의 남녀 실적 비교 및 주요 KPI 수치, 캠페인 진행 및 고객이탈 방지 영업활동 등의 정보를 제공하고 있는 것이 눈에 띈다. *

이 밖에도 시각화 전문 회사에서 만든 대시보드 작품들도 많이 있으니 검색하여 참고하면 좋을 것 같다. 대시보드는 OLAP과는 달리 개인의 역량에 따라서 엄청난 수준 차이를 만들 수 있기 때문에 많이 사용해보기를 권고한다.

---

* https://demo.microstrategy.com/MicroStrategyLibrary/app/EC70648611E7A2F962E90080EFD58751/316AAC7211EA830
3102E0080EFA5E1BA/K53--K24BF31D541F780708A9E469CE15DA10E

03

메타데이터
이야기

요즘 더욱 중요해지고 있는 메타데이터를 떠올리며…

차례

오랜 직장 생활을 하면서 점점 부각되는 중요한 기술이 있다. 메타데이터가 여기에 해당한다. OLAP이란 솔루션이 메타 데이터 기반으로 작동하는 것이기 때문에 메타데이터를 활용하는 방법에 대해서는 OLAP입문과 동시에 관심을 가지게 되었다. OLAP 솔루션으로 개발할 때는 메타데이터를 이용해서 OLAP 엔진이 어떻게 작동하는지에 관심이 많았다면, 지금은 그렇게 만들어진 메타데이터를 어떻게 잘 활용할 수 있을까에 더 많은 관심이 쏠리고 있다. 특히 기업에서 많이 사용하는 메타데이터 영역으로는 IT인들이 주로 관리하는 기술 메타데이터와 데이터의 실제

이용자인 현업 사용자가 쓰는 비즈니스 메타데이터가 있다. 메타데이터 이야기에 나오는 대부분은 이 두 가지 메타데이터에 대한 것이다. 그래서, IT운영자로서 이 기술메타와 비즈니스 메타에 대한 통합 뷰(View)를 고민하기 시작하였고, 점점 다양해지고 있는 데이터 및 데이터 활용에 대한 쉬운 접근을 위해 메타데이터를 어떤 방식으로 제공할지를 고민하게 되었다. 그 과정에서 여러 가지 서비스를 개발하여 제공하고, 변화되는 데이터에 대한 지속적인 관리도 이행하였다. 데이터는 시대에 따라서 점점 변하고 있고, 활용하는 데이터 종류도 다양해지고 있다. 이런 변화의 추세에 맞게 메타 데이터 관리 방법도 변해야 한다. 많은 사람들이 이 문제에 관심을 가지고 함께 발전시켜 나갔으면 좋겠다.

메타데이터 이야기에서는

- · 메타데이터란 무엇인지?
- · 메타데이터는 얼마나 오래된 역사를 지니고 있는지?
- · 메타데이터는 어떻게 활용되고 있는지?

에 대해서 살펴보려고 한다.

메타데이터란 무엇인가?

메타데이터(Metadata)가 무엇인지 위키백과 사전에 정의된 내용부터 살펴보자. '메타데이터(Metadata)는 데이터(Data)에 대한 데이터이다.' 이렇게 흔히들 간단히 정의하지만 엄격하게는, Karen Coyle에 의하면 '어떤 목적을 가지고 만들어진 데이터 (Constructed data with a purpose)'라고도 정의한다. 위키백과 사전의 '데이터(Data)에 대한 데이터이다.' 에서 앞의 데이터(Data)는 우리가 흔히 일상 생활 및 비즈니스 활동 속에서 접하게 되는 데이터이다.

가령, 대형마트에 가서 쇼핑을 하는 경우를 살펴보자.

"엘렌 (고객ID)은 2021.5.5일 (구매일자) 오후 1시 (구매시간)에 레고블록 시리즈(상품 ID) 와 엘사인형 (상품ID) 을 샀다."

이 데이터를 데이터베이스에 기록할 때는 고객ID, 구매일자, 구매시간, 구매상품 정보 기준으로 거래 데이터를 관리하며, 이 외에도 상세하게 보면 구매상품은 상품ID, 상품가격, 제조사 등의 정보 관리도 필요로 한다. 또한 고객ID에 대해서도 해당 고객의 성별, 연령대, 거주지 등의 정보도 같이 관리하고 있다.

일반적으로 말하는 데이터는 이 거래 데이터처럼 대량의 데이터를 만들어내고 있는 데이터를 말한다. 그러나 여기서는 이 일반 데이터 이외에 관리를 위해 필요한 데이터가 있는데 이런 관리용 데이터를 다루고자 한다.

매장에서는 위 예시에 있는 구매상품에 대한 실물 관리가 필요하다. *레고블럭시리즈(상품ID), 엘사인형(상품ID)*은 매장 내 어느 장소에서 진열 판매되고, 진열 수량은 얼마이고, 누가 관리를 담당하는지에 대한 정보가 필요하다. 즉, 상품ID에 대한 진열장소, 진열수량, 관리 담당자, 진열기간 등의 부가정보가 필요하다. 마치 도서관에 정리된 도서 목록을 관리하는 카드 정보가 이에 해당된다. 이런 부가 정보 즉 앞의 구매용으로 진열된 상품에 대한 정보를 관리하는 데이터, 이 정보를 메타데이터라고 한다. 여기서는 진열 상품을 관리하기 위해 필요한 목적성 데이터라고 보면 된다. 도서 목록을 관리하는 도서카드 정보도 또 다른 목적성 메타데이터에 해당된다.

메타데이터에 대해 좀 더 자세히 살펴보자.
"지금은 온톨로지(Ontology)의 등장과 함께 기계가 읽고 이해할 수 있는 Machine Actionable 형태의 메타데이터가 많이 사용되고 있다." 라고 위키백과에 기술되어 있다. 기계가 읽고 이해할 수 있는 데이터는 형식이 미리 명확하게 정의되어 있어야 기계가 활용이 가능하다. 요즘 핸드폰은 카메라를 다 가지고 있다. 이런 카메라에서는 촬영한 사진을 효과적으로 보관하기 위한 관리 정보를 가지고 있다. 동영상인지 사진 이미지인지 구분하고, 촬영한 시간 순으로 사진 이름을 저장 분류한다. 사진 자체가 아니라 사진을 관리하기 위한 데이터 즉, 사진이름, 촬영시간, 사진종류 등의 데이터를 필요로 하고, 이들의 데이터를 사진 관리를 위해서 사용하고 있다. 여기서 이런 관리 데이터를 메타데이터라고 부른다.
휴대폰에서는 이 메타데이터를 기반으로 사진 조회 시에 빠르게 접근하여 필요한 자료를 검색할 수 있도록 해준다.

이렇게 기계가 이해할 수 있는 메타데이터를 MARC(MAchine Readable Catalog) 라고 하며, MARC에 대해서는 데이터 생성, 유지 관리가 편리하고 확장성이 용이한 구조로 국제적 표준을 정해서 관리하고 있다.

이처럼 목적에 맞게 만들어진 데이터를 메타데이터라고 하며, 이런 목적성 데이터는 활용 방향에 따라 다양하게 생성되고 이용되고 있다. 앞으로 이야기 하게 될 OLAP 솔루션도 이런 목적성 메타데이터에 기반한 솔루션으로 메타데이터로 많은 기능을 제공할 수 있음을 보게 될 것이다.

메타데이터의 역사

메타데이터(Metadata) 는 언제부터 관리되었는가? 메타데이터의 관리 기원을 찾는 것은 좀 우스운 얘기다. 메타데이터는 필요에 의해 별도 장부에 기록하던 시절부터 있었다고 할 수 있다. 물건을 파는 사람은 물건과 함께 생산, 판매 및 재고까지 관련된 정보를 별도로 보관했을 것이다.
가령 생산 정보로
  - 생산지는 어디이며,
  - 재료는 무엇인지

- 또한 재료별 가격은 얼마인지,
- 생산에 소요되는 시간은 얼마나 걸리는지 등의 정보를 관리했을 것이다.

재고 정보로는
- 누가 얼마나 보관하고 있는지
- 폐기 주기는 어떻게 되는지
- 관리 인력은 얼마나 필요한지 등의 정보를 관리했을 것이다.

메타데이터의 등장은 원시(Raw) 데이터와 더불어 공존해왔다고 봐도 될 것이다. 다만, 데이터가 많아지면서 메타데이터를 이용해 효율적으로 관리할 방법을 찾으면서 많은 관심을 끌어왔다. 앞으로는 이 메타데이터의 비중이 점점 증가할 것으로 생각된다.
그래서 메타데이터를 이용한 솔루션이 등장하면서 메타데이터 자체 관리를 위한 데이터베이스를 구축하는 사례도 많아지고 있다.
이렇게 구축된 메타데이터는 활용할 수 있는 여지가 그만큼 많아진 것이다.

메타데이터 활용사례

다음은 메타데이터로 무엇을 할 수 있는지 알아보자.
여기서 다루는 메타데이터는 기계가 이해할 수 있는 메타데이터 MARC(MAchine Readable Catalog)가 아니라 사람이 이해해서 활용 하기 위해 관리하는 메타데이터에 한정되어 있음을 밝힌다. 후자는 IT운영자로서 경험했던 영역으로 그 필요성을 실감한 내용 위주로 정리한 부분이다.
메타데이터를 논리적으로 분류해서 하나씩 살펴보자.

비즈니스 메타데이터(Business Metadata)

비즈니스 메타데이터의 주요 관리 대상은 분석관점, 분석지표, 데이터 셋 등이 있다. 분석 관점은 분석을 진행하는데 필요한 차원, 속성 정보 등을 일컫는다. 예로 성별, 상품, 조직 등이 해당된다.
분석지표는 분석의 목표 값, 비즈니스 가치를 수치로 관리하는 정보이다. 분석 지표는 대부분 분석 관점에 의해 측정되는 값이다.
또한, 분석관점과 분석지표의 조합으로 구성된 데이터 셋(Dataset) 또는 리포트가 있다.
데이터 셋은 지표 중심으로 어떤 관점들의 조합으로 분석이 가능 한지를 알려준다. 그래서 사용자는 데이터 셋에 대한 정보를 인지 하고 있어야 필요한 데이터를 가져다가 활용 가능하다. 사용자가 가장 혼란스러워 하는 부분이 데이터 셋이 많고, 이들 대부분이 비슷하고, 어느 데이터 셋에서 필요한 정보를 찾아야 할지 고민을 하는 부분이다. 그래서 데이터 셋을 제공할 때는 반드시 내용을 상세히 기록해서 사용자가 문의하지 않고 사용할 수 있도록 해주어야 한다. 이것이 메타데이터를 관리하는 목적이기도 하다.

비즈니스 메타정보는 쉬운 용어로 기술되어야 하며, 여러 이해관계자 의 합의를 거쳐서 정의되어야 한다. 합의 없이 개별적으로 생성된다면 많은 유사 메타데이터에서 적절한 정보를 찾아 활용하기가 쉽지는 않을 것이다. 또한 데이터는 계속 변화하므로 변화의 내용을 현행화하고 유지할 관리자가 필요하다. 이런 이유로 비즈니스 메타에 대한 관리자, 소유자 정보도 같이 관리하여 데이터 현행화가 가능하도록 해야 한다.

다음으로 비즈니스 메타데이터 주요 관리 항목을 살펴보자.
첫 번째, 분석관점을 등록하는 경우 관리하는 메타데이터 정보들이다.

- 관점명 : 이름만으로도 유일하게 식별 가능하도록 명명한다. 또한 이름으로 해당 의미를 유추할 수 있도록 쉽고 보편적인 용어를 사용한다.
- 관점 설명 : 관점에 대하 주요 설명 부분(정의, 용도 등)을 관리한다. 설명을 통해서 관점에 내한 이해도를 높일 수 있도록 부가 정보를 담도록 한다.
- 주제 영역 : 해당 관점의 주요 업무 범위에 해당하는 주제 영역을 할당한다.
- 관점 흐름도 : 해당 데이터의 생성 시점부터 최종단계로 가공된 정보 흐름을 관리한다. 데이터 생성 시스템과 응용 시스템은 다를 수가 있기 때문에 데이터에 대한 이해도를 높이기 위해 흐름도가 필요한 부분이다.
- 관리자 : 메타데이터에 대한 변화 관리를 담당할 실무자에 대한 정보를 관리한다. 초기 관점 생성을 요청한 오너라고 보면 된다.
- 관리자조직 : 관리자가 담당하는 업무소속 조직정보를 관리 한다. 관점의 관리 주체가 실질적으로 어떤 업무를 수행하는 조직인지를 파악하는 용도이다. 관리자가 현행화되지 않은 경우는 해당 정보로 추적이 가능하기 때문에 사후 관리를 위해 필요한 정보이다.
- IT담당자 : 관점은 비즈니스적인 개념이므로 이를 물리적으로 관리 운영하는 IT운영자 정보를 명시한다.
- 기타 : 이외에도 추가 관리가 필요한 정보를 관리할 수 있다.

다음은 위에서 언급한 분석관점에서 관리하는 기본 정보 예시다.

비즈니스 메타 정보	
관점ID	VP10001
관점명	휴먼에러유형
관점상세명	VOC 휴먼에러유형
관점설명	VOC발생 원인 중 휴먼에러로 분류할 수 있는 원인에 대해 정의함
주제영역명	고객관리/고객접촉
관리자	김 미식
관리자조직	CS고객센터
IT 담당자	이 남돌

[비즈메타 -관점 기본정보]

그리고, 분석 관점이 사용되는 데이터 셋 정보도 같이 관리될 수 있는데, 해당 정보가 관리되기 위해서는 데이터 셋을 메타데이터에 사전 등록하는 과정이 필요하다. 아래 예시는 해당 관점 '휴먼에러유형'이 사용되고 있는 데이터 셋 목록이다.

비즈니스 메디 상세 정보		
데이터셋명	설명	주제영역
VOC접수이력	고객센터 채널을 통해 접수된 VOC에 대한 이력정보를 관리	고객관리/고객접촉
마일리지누적이력	휴먼오류, 중복, 방문불만접수, 칭찬 VOC에 대한 백화점별 마일리지 정보를 누적 관리	고객관리/고객접촉
백화점별VOC내역	고객센터에서 백화점으로 이관하여 처리한 VOC에 대하여 처리현황을 관리	고객관리/고객접촉
환산비용절감도집계	백화점에 접수된 VOC건에 대해 VOC 환산비용을 산정하기 위한 정보를 관리	고객관리/고객접촉
휴먼오류집계내역	고객접점 채널을 통해 수집되는 고객의 소리(VOC)를 백화점별로 관리	고객관리/고객접촉

[비즈메타 - 관련 객체 정보]

두 번째로 분석지표를 등록하는 경우 관리하는 메타데이터 정보에 대해 알아보자.
 - 지표명 : 이름만으로도 유일하게 식별 가능하도록 명명한다. 해당 의미를 유추할 수
   있도록 쉽고 보편적인 용어를 사용한다.
 - 지표 설명 : 지표에 대한 주요 설명 부분(정의, 용도 등)을 기술 관리한다.
 - 주제 영역 : 해당 지표의 주요 업무 범위에 해당하는 주제 영역을 할당한다.

- 지표 산출식 : 지표를 생성하는 기준이 되는 산식 정보를 관리한다.

   ex) 구매금액 = 단가*구매수량
- 지표 생성 유형 : 원시 데이터로부터 단순하게 산출된 기초 지표인지 또는 기초 지표를 이용하여 만든 복합 유도 지표 인지 등의 정보를 관리한다.
- 지표 생성 주기 : 지표가 생성되고 폐기되는 라이프사이클 주기를 관리한다.

   ex) 일 단위, 주 단위, 월 단위, 년 단위 등
- 지표 기본 단위 : 지표 값을 정량화하는 데 필요한 단위 정보를 관리한다.

   ex) 금액인 경우 원 단위, 천원 단위 등의 정보
- 관리자 : 메타데이터에 대한 변화 관리를 담당할 실무자에 대한 정보를 관리한다. 초기 지표를 생성 요청한 오너라고 보면 된다.
- 관리자조직 : 관리자의 업무 소속 조직에 대한 정보를 관리한다. 지표의 관리 주체가 실질적으로 어떤 업무를 수행하는 조직인지를 파악하는 용도이다. 관리자가 현행화 되지 않았을 때 해당 정보로 추적이 가능하기 때문에 사후 관리를 위해 필요한 정보이다.
- IT담당자 : 지표는 비즈니스적인 개념이므로 이를 물리적으로 관리하는 IT운영자에 대한 정보를 관리한다.
- 기타 : 이외에도 추가 관리가 필요한 정보를 관리할 수 있다.

다음의 예시는 분석 지표에서 관리하는 주요 관리항목을 보여준다.

비즈니스 메타 정보	
지표ID	IDX00001
지표명	VOC처리기한내완료건수
지표상세명	처리기한내 완료한 VOC건수
지표설명	"VOC처리내역에서 처리기한내에 VOC를 완료 처리한 건수 (영업일 기준 6시간)"
지표생성유형	■ 기초 , □ 복합
지표생성주기	■ 일 , □ 월 , □ 주 , □ 년, □ 실시간
지표단위	건
주제영역명	고객관리/VOC
관리자	김 미식
관리자조직	CS고객센터
IT 담당자	이 남돌

[비즈메타 - 지표 기본정보]

지표는 분석 주제의 기준이 되는 항목이기 때문에 해당 지표를 사용 할 수 있는 데이터 셋 정보가 더불어 제공되어야 한다.

아래 화면은 해당 분석 지표가 엮여있는 데이터 셋 정보를 보여준다. 이 같은 정보는 사전에 데이터 셋에 등록하는 작업이 있어야 조회 가능한 정보이다.

데이터셋명	설명	주제영역
VOC접수이력	고객센터 채널을 통해 접수된 VOC에 대한 이력정보를 관리	고객관리/고객접촉

[비즈메타 - 관련 객체 정보]

지표는 관점과 달리 보통 단일 데이터셋 기준으로 정의되기 때문에 관련 객체 정보에서 한 개의 데이터 셋 정보를 보여주고 있다.

여러 데이터 셋 객체 정보가 나오는 경우는 요약한 데이터 셋이거나 사전에 리포트로 만들어 놓은 객체에 해당 될 수 있다.

세 번째로, 관점과 지표의 조합으로 구성된 데이터 셋에 대해서는 어떤 정보가 관리되는지 알아보자.

- 데이터셋명 : 이름만으로도 유일하게 식별 가능하도록 명명한다. 해당 의미를 유추할 수 있도록 쉽고 보편적인 용어를 사용한다.
- 데이터셋 설명 : 데이터 셋에 대한 주요 설명 부분(정의, 용도 등)을 기술 관리한다.
- 주제 영역 : 해당 데이터 셋의 주요 업무 범위에 해당하는 주제 영역을 할당한다.
- 데이터 생성 흐름 : 해당 데이터의 생성 시점부터 최종단계로 가공된 정보 흐름을 관리한다. 각 단계별로 어떤 변화사항이 있는지 설명하여 시스템간의 데이터 차이에 대한 이해도를 높여줄 수 있는 정보이다.
- 데이터셋 제공범위 : 데이터 셋에서 제공할 수 있는 데이터 범위로, 데이터셋 용도에 따라서 제공범위가 달라진다. 가령, 청구 데이터는 최근 5년치를 보관하고, 고객이력 데이터는 최대 6개월을 보관할 수 있다.
- 데이터 제공 주기 : 데이터 셋에서 제공하는 데이터의 공급 주기를 관리한다. 일실적 데이터 셋은 일단위로 생성되어 제공될 수 있고, 월실적 데이터 셋은 월단위로 생성되어 제공될 수 있다.
- 데이터 제공시점 : 실제 데이터 셋을 이용할 수 있는 시점 정보를 관리한다.
- 관리자 : 메타데이터에 대한 변화 관리를 담당할 실무자에 대한 정보를 관리한다. 초기 데이터 셋을 생성 요청한 오너라고 보면 된다.

- 관리자조직 : 관리자의 업무 소속 조직에 대한 정보를 관리한다. 데이터 셋의 관리 주체가 실질적으로 어떤 업무를 수행하는 조직인지를 파악하는 용도이다.
- IT담당자 : 데이터 셋은 비즈니스적인 개념이므로 이를 물리적으로 관리하는 IT운영자에 대한 정보를 관리한다.
- 기타 : 이외에도 추가 관리가 필요한 정보를 관리할 수 있다.

데이터 셋 역시 관점이나 지표에서 관리되는 기본 정보를 바탕으로 관리되므로 데이터 셋에서 제공 가능한 관점과 지표를 추가로 매핑하는 과정이 더 필요하다. 사용자가 궁극적으로 참고하는 데이터는 이 데이터 셋이 될 것이며, 가장 많이 활용하게 된다.

다음의 예시는 관점과 지표로 조합된 데이터셋 기본 관리항목을 보여준다.

비즈니스 메타 정보	
데이터셋ID	DS10100
데이터셋명	VOC접수이력
주제영역명	고객관리/접촉관리
데이터셋설명	"고객센터 채널을 통해 접수된 VOC에 대한 이력 정보를 관리한다."
네이터생성흐름	"원전 시스템에서 서비스 요청 상세 정보의 변동분을 추출해 일단위로 적재하여 데이터 제공"
데이터셋제공범위	24개월
데이터셋 제공주기	일(전일 기준으로 제공)
데이터셋 제공시점	일 - 매일 오전 8:00
관리자	김 미식
관리자조직	CS고객센터
IT 담당자	이 남돌

[비즈메타 - 데이터 셋 기본정보]

이번에는 데이터 셋을 이루는 관점과 지표의 구성 예시를 한번 보자. 관점과 지표의 조합인 구성 정보가 사전에 등록되어야 참고 가능한 정보이다. 메타데이터에 매핑 관리할 수 있는 기능 구현이 전제되어 있어야 한다는 얘기이다.

비즈니스 메타 상세 정보			
객체 유형	객체명	설명	주제영역
관점	판매조직	판매를 발생시킨 매장의 조직 정보를 명시한다	영업관리/판매정보
관점	판매채널	판매채널을 구분하여 정의함(온오프구분, 채널유형, 채널상세 등의 정보를 관리함)	영업관리/판매정보
관점	휴먼에러유형	VOC 발생 원인 중 휴먼에러로 분류할 수 있는 원인에 대해 정의함	고객관리/고객접촉
관점	현장방문 민원여부	현장방문하여 민원을 제기하였는 지 여부를 관리함. 강성민원에 대한 우선순위 판단	고객관리/고객접촉
관점	VIP민원여부	VIP고객에 대한 빠른 서비스 응대를 위해 위해 별도 관리함	고객관리/고객접촉
지표	VOC접수건수	VOC로 접수된 서비스요청 건수를 말한다	고객관리/VOC
지표	접수기준처리기한내 완료건수	접수한 VOC건에 대해 VOC처리기한내에 VOC를 완료처리한 건수를 말한다	고객관리/VOC
지표	접수기준처리기한내 진행건수	접수한 VOC건에 대해 VOC가 완료되지 않고, 처리기한이 도래한 진행건수를 말한다	고객관리/VOC
지표	접수기준처리기한 초과후완료건수	접수한 VOC건에 대해 VOC처리기한을 넘어 VOC완료처리한 건수를 말한다	고객관리/VOC
지표	고객체감기준 처리소요시간	고객약속일까지 접수일시부터 처리자가 VOC를 처리완료하기까지 걸린 시간	고객관리/VOC
지표	고객체감기준 준비소요시간	고객약속일까지 접수일시부터 처리자가 VOC를 확인하기까지 걸린 시간	고객관리/VOC
지표	영업일자기준 처리소요시간	접수일시부터 처리자가 VOC를 처리완료하기까지 걸린 영업일 기준 소요시간	고객관리/VOC
지표	영업일자기준 준비소요시간	접수일시부터 처리자가 VOC를 확인하기까지 걸린 영업일 기준 소요시간	고객관리/VOC

[비즈메타 - 데이터 셋 분석 관점 및 지표]

VOC접수이력을 관리하는 데이터 셋이다. 주요 분석관점으로 판매 채널, 판매조직 및 VOC유형에 대한 세분화된 관점으로 현장방문민원여부, 휴먼에러유형 등이 제공되고 있으며, 또한 VOC 처리 효율 측정을 위한 다양한 VOC 처리 시간 및 처리 진행건수 등 생성 기준을 확인할 수 있는 분석지표들로 구성되어 있다. 해당 데이터셋을 이용해서 필요한 정보를 추출하는 데 도움을 받을 수 있으리라 본다.

OLAP 메타데이터(metadata)

OLAP 솔루션은 실시간 분석을 지원하기 위한 분석 플랫폼으로써 다차원의 관점과 지표로 이루어져 있다. 여기서 관점은 분석차원에 해당하고, 지표는 분석 타겟 즉 목표 값에 해당한다.

주로 관점은 차원(Dimension) 및 차원 속성에 해당하는 내용으로, 성별, 연령, 지역, 상품, 조직 등이 해당된다.

지표는 매출액, 고객 수, 상품 수, 연체금액 등에 해당하는 것으로 관점에 의해 분석되는 값들이다. 예로 "성별 연령별 고객 수 및 매출액을 살펴본다."에서 성별, 연령별은 관점에 해당하고, 고객 수, 매출액은 지표에 해당한다.

OLAP에서 관점과 지표는 비즈니스로부터 도출된 개념으로 반드시 비즈니스 정보와 연결이 되어야 한다. 비즈니스적으로 다른 의미를 가진다면 다른 관점으로 정의되어야 하며, 이렇게 정의된 관점정보는 메타데이터에 저장된다. 비슷하지만 다른 관점으로 저장하는 사례는 같은 조직 차원(Dimension)을 사용하지만 다른 관점명칭을 가진 매출조직, 접수조직, 판매조직 등의 관점들이 이에 해당한다.

비즈니스적으로 동일한 의미를 가진다면 관점은 동일하게 정의 되어야 한다. 만약 그렇지 못하다면 사용자한테는 혼란을 초래할 수 있다. 예로 신규일자, 신규가입일자 관점이 있다고 해보자. 그리고, 메타데이터에 저장된 정보로는 의미상 동일하게 상품의 신규 가입일자를 의미한다고 되어 있다. 이런 경우 사용자는 어떤 관점을 사용해야 하는지 판단하기 어려울 수 있으며, 중복된 관점으로 인해 메타데이터의 가치가 떨어질 수 있다.

또한 메타데이터 정보량도 많아져서 사용자가 원하는 정보를 찾기가 쉽지 않게 된다. 이런 이유들로 인해 관점 생성 시 신중을 기해야 하며, 메타데이터 관리에도 힘을 쏟아야 하는 부분이다.

다음의 경우는 실제로 겪은 상황이다.

기존 운영하던OLAP 시스템에 다른 분석 시스템에서 사용하던 메타데이터를 가져와서 통합하는 프로젝트가 있었다.

기존 OLAP에서는 성별의 값은 여성-F, 남성-M 값으로 되어 있었는데, 타 시스템은 성별의 값이 여성 -1, 남성-2, 법인-3으로 되어 있었다. 이런 경우 보통은 통합할 수 있도록 데이터를 정비하는 작업이 선행이 되어야 하겠지만, 프로젝트 기간이 짧아서 임시로 다른 관점명을 부여하는 방향으로 해서 진행했던 적이 있다. 이로 인해서 타 시스템에 있던 관점명은 이관하면서 일괄적으로 "시스템명"을 앞에 붙여서 정의했다. 그러나 비즈니스 의미상으로는 기존 메타데이터와 동일한 내용이라서 추가로 메타관리시스템에는 등록하지 않았다. 물리적으로 두 벌로 존재하지만 논리적인 부분 즉, 비즈니스 메타데이터만큼은 일관성을 유지하도록 했다.

이는 중복으로 존재하는 물리적 관점 개체를 향후 통합하겠다는 전제가 있었기 때문에 그렇게 진행했었다. 그리고 이관되는 시스템의 사용자는 한정되어 있었고, 그들만이 이관된 데이터 영역을 사용한다는 전제여서 이것이 가능했던 부분이었다. 그러나, 실제 사용자는 두 개의 성별 관점 존재로 인해서 이용 시에 혼란을 겪을 것으로 보인다.

비즈니스 메타데이터는 비즈니스로부터 정의된 개념이고, OLAP 메타데이터는 비즈니스 메타데이터와 데이터베이스상의 물리적 모델과의 매핑(mapping) 관계에 의해 정의된다. OLAP메타데이터는 OLAP 솔루션에 따라 정의하는 방식이 다르다. 현재 국내에 보급 중인 OLAP솔루션으로는 Microstrategy, Cognos, BI-Matrix 등이 있다.

OLAP의 메타데이터로 관리되는 정보로는 비즈니스 메타데이터의 관점에 해당하는 분석 차원 Dimension과 차원 속성 Attribute, 그리고 비즈니스 메타데이터 지표에 해당하는 분석지표 Measures(or Metrics) 가 있다. 여기서 분석 차원 Dimension 은 차원 속성 Attribute 들간의 물리적 그룹이다. 속성들간의 계층적 관계가 있는 차원과 그렇지 않고 논리적 의미로만 같이 그룹을 형성하는 비계층적 차원이 있다.

먼저, 분석차원 구성요소인 속성 Attribute 관리를 위해 필요한 메타정보들을 살펴보자.

- attribute 명 : 고유의 차원속성을 식별할 수 있는 개체 이름
- attribute 설명: 차원속성이 어떤 데이터를 의미하는지 코드 값 등을 사용하여 내용을 기술한다.
- attribute 차원명: 차원속성이 소속된 차원명을 기술한다. 대개는 OLAP에 구현된 폴더명을 표시한다.
- attribute 위치: 사용자에게 노출된 OLAP 경로를 제공하여 쉽게 찾아서 활용할 수 있도록 한다.
- 생성일자: 차원속성이 최초로 생성된 날짜를 관리한다. 데이터 라이프사이클 등을 관리하기 위해서 중요한 자료이다.
- 수정일자: 차원속성에 대한 물리적 변경이 일어나는 경우 최근 수정된 날짜를 관리한다. 데이터 라이프사이클 등을 관리하기 위해서 중요한 자료이다.
- 물리DB 정보: DBMS 정보와 매핑 된 물리 칼럼 정보이다.

다음 예시는 분석차원속성에서 관리되는 기본정보로, 위에서 설명한 메타항목들이 구현되어 있는 모습이다. 해당 예시에서는 분석차원속성이 애트리뷰트(attribute)로 사용되고 있는데, OLAP 솔루션마다 분석차원 및 속성에 대한 용어는 상이하다.

OLAP 개체 메타정보	
애트리뷰트ID	ATT00100
애트리뷰트명	신규가입일자
애트리뷰트차원명	01.기간관점
애트리뷰트설명	상품에 신규로 가입한 날짜를 관리한다.
생성일자	2012-08-24 19:00:00 PM
수정일자	2022-01-24 18:00:00 PM
애트리뷰트 위치	스키마개체/애트리뷰트/01.기간관점
물리테이블	SD_DATE_BAS
삭제여부	■ No , □ Yes

[OLAP 메타 - 분석차원 기본정보]

다음 화면은 해당 분석차원을 구성하는 관련 객체 정보인 물리적인 정보를 관리하는 내용을 보여주고 있다.

OLAP 개체 상세정보		
애트리뷰트명	개체명	설명
신규가입일자	SD_DATE_BAS	기준 날짜를 관리하는 테이블
	DAY_ID	날짜 테이블의 기준일자 key ID
	DAY_DESC	날짜 테이블의 기준일자 설명값

[OLAP 메타 - 분석차원 관련객체 정보]

다음은 Measures (Metrics) 관리를 위해 필요한 메타정보들을 살펴보자. 분석 차원속성 관리정보에서 보았듯이 Measure 부분도 기존 비즈니스 메타데이터에서 관리하던 내용과 유사하다.

- Measure 이름: 고유의 분석지표를 식별할 수 있는 개체 이름
- Measure 설명: 해당 분석지표가 어떤 데이터를 가공한 값인지 기술한다.
- Measure 산식: 지표를 가공한 구체적 산식을 기술한다. 예로 Count(고객ID), Sum(매출금액), Max(재고일자), sum(재고금액) 등
- Measure 생성 주기: 해당 분석지표가 만들어지는 주기를 설명한다. 월 단위로 생성 되는지, 일단위로 생성되는지, 월중15일에 생성되는지 등을 기술한다. 예로, 통신회 사에는 매월 15일에 전월 사용량에 대한 청구작업을 하는데, 이 작업 후에 전월 청구

금액이 생성된다. 따라서 청구금액이 생성되는 주기는 매월 15일이라고 명시한다. 이런 정보들이 제공되면 사용자들이 최근 청구금액은 15일 이후에나 사용할 수 있음을 참고할 수 있다.

- Measure 위치: 분석지표(Measure)의 위치도 주제영역별로 잘 배치해두면 사용자들이 직관적으로 찾아서 바로 사용할 수 있다. 그래서 분석지표의 위치를 고민하는 게 필요하고, 특수한 분석지표는 사전에 위치정보를 제공하면 검색하는 수고를 덜 수 있다.
- 생성일자: 분석지표가 언제 생성되었는지 날짜를 기록한다. 데이터의 라이프사이클(Life Cycle) 관리에 필요하며 물리적 변화관리를 위해서도 필수적이다.
- 수정일자: 분석지표가 최근에 수정된 날짜를 기록한다. 이도 데이터의 라이프사이클(Life Cycle) 관리에 필요하며 물리적 변화관리를 위해서도 필수적이다.
- 물리 DB 정보: DBMS 정보와 매핑 된 물리 칼럼 정보이다.

다음 화면은 분석지표에 대한 기본정보를 보여주는 예시이다. 위에서 설명한 내용들이 관리되고 있음을 확인할 수 있다.
OLAP 솔루션마다 분석지표에 대한 명칭은 달리하고 있다. 해당 예제 에서는 메트릭 이라는 용어를 사용하고 있다.

OLAP 개체 메타정보	
메트릭ID	MT00100
메트릭명	VOC접수건수
메트릭산출식	COUNT (접수번호)
메트릭설명	VOC접수건에 대해서 접수번호를 count한 값이다
생성일자	2012-08-24 19:00:00 PM
수정일자	2022-02-25 18:00:00 PM
메트릭 위치	스키마개체/메트릭/고객관리/VOC접수이력
물리테이블	SC_VOC_RCP_HST
삭제여부	■ No, □ Yes

[OLAP 메타 - 분석지표 기본정보]

다음 화면은 분석지표를 구성하는 물리정보 내용을 보여주고 있다. 메타데이터에 물리적 매핑 정보가 사전에 등록되어 있는 경우 제공 가능한 정보이다.

OLAP 개체 상세정보		
메트릭명	개체명	설명
VOC접수건수	SC_VOC_RCP_HST	VOC접수정보를 관리하는 이력성 테이블
	VOC_RCP_NO	VOC접수이력 테이블의 기준 key가 되는 접수번호

[OLAP 메타 - 분석지표 관련개체 정보]

분석지표도 단일 테이블 기준으로 정의되기 때문에 제공되는 테이블 정보는 일반적으로 한 개가 보여진다. 앞의 비즈니스 메타의 지표와 같은 개념에 해당한다.

OLAP은 비즈니스 메타의 관점과 지표들의 물리적 구현 개체이기 때문에 비즈니스 메타의 데이터 셋에 해당하는 물리적 개체인 비정형 데이터 셋이라는 개체가 만들어진다. 따라서, 이런 비정형 데이터 셋을 관리하는 메타데이터도 관리가 되어야 한다.

다음 화면은 OLAP에서 구현되어 있는 비정형 데이터 셋 기본 정보를 관리하는 예시이다.

OLAP 개체 메타정보	
비정형데이터셋ID	ADS100300
비정형데이터셋명	VOC접수이력
비정형데이터셋약어명	
비정형데이터셋설명	"일별, VOC유형별, 고객접점채널별로 VOC 접수현황 분석 정보를 관리한다."
생성일자	2012-08-24 19:00:00 PM
수정일자	2022-01-24 18:00:00 PM
비정형데이터셋 위치	비정형데이터셋/1.고객관리/1.2 고객접촉
물리테이블	SC_VOC_RCP_HST
삭제여부	■ No , □ Yes

[OLAP 메타 - 비정형 데이터 셋 기본정보]

비정형데이터 셋은 비즈메타의 데이터 셋과 마찬가지로 물리적으로 구현된 분석 차원인 애트리뷰트와 분석 지표인 메트릭의 구성요소로 관리된다. 해당 정보도 사전에 비정형데이터 셋과의 매핑 작업이 선행되어야 활용 가능하다.
아래는 해당 매핑 작업이 완료된 비정형데이터 셋에 대한 구현 예시 화면이다.

OLAP 개체 상세정보		
비정형데이터셋명	개체명	설명
VOC접수이력	VOC처리조직	접수된 VOC건에 대해 처리한 조직정보
	VOC처리관리자	접수된 VOC건에 대해 처리한 담당자의 상위 관리자 정보
	VOC접수일자	VOC를 접수한 날짜
	VOC처리완료일자	접수된 VOC건에 대해 처리를 완료한 날짜
	VOC책임조직	접수된 VOC건 처리에 대해 책임이 있는 부서 조직정보
	VOC책임관리자	접수된 VOC건 처리에 대해 책임이 있는 상위부서의 관리자 정보
	VOC유형	인입된 VOC에 대해 VOC 업무 유형을 관리함 (불친절, 상품불만,..)
	VOC상세유형	인입된 VOC에 대해 VOC 상세 업무 유형을 관리함 (불친절, 상품파손, 환불요청,..)
	VOC처리상태	VOC 처리상태 정보를 관리함 (접수, 처리중, 이관, 완료)
	VOC접수건수	VOC로 접수된 서비스요청 건수를 말한다
	VOC처리기한내 완료건수	접수한 VOC건에 대해 VOC처리기한내에 VOC를 완료처리한 건수를 말한다
	VOC처리기한내 진행건수	접수한 VOC건에 대해 VOC가 완료되지 않고, 처리기한이 도래한 진행건수를 말한다
	VOC처리기한 초과후완료건수	접수한 VOC건에 대해 VOC처리기한을 넘어 VOC완료처리한 건수를 말한다
	고객체감기준처리 소요시간	고객약속일시까지 접수일시부터 처리자가 VOC를 처리완료하기까지 걸린 시간
	고객체감기준준비 소요시간	고객약속일시까지 접수일시부터 처리자가 VOC를 확인하기까지 걸린 시간
	영업일자기준처리 소요시간	접수일시부터 처리자가 VOC를 처리완료하기까지 걸린 영업일 기준 소요시간
	영업일자기준준비 소요시간	접수일시부터 처리자가 VOC를 확인하기까지 걸린 영업일 기준 소요시간

[OLAP 메타 - 비정형 데이터 셋 관련 객체 정보]

OLAP메타데이터에 사용되는 물리 DB 정보는 데이터베이스의 변화에 즉시 영향을 받기 때문에 항상 데이터베이스 변화 사항을 주시해서 영향도를 파악 할 수 있도록 별도 프로세스로 보완 장치를 가지고 있어야 할 것이다. 필자가 OLAP시스템을 운영하면서 가장 어려운 점이 이 변화관리에 대한 부분이었다. OLAP에서 사용하는 소스 시스템인 데이터베이스에서의 변화내용이 제대로 공유되지 않아서 OLAP시스템에서 장애를 일으키는 경우가 있었던 것이다. 데이터베이스를 사용하는 채널은 다양하기 때문에 그 영향도를 체크하기는 쉽지 않다. 그래서 이런 영향도 파악을 위해 대기업에서는 데이터흐름(Lineage) 분석을 위한 메타시스템을 별도로 도입하거나 구축하기도 한다.

ETL 메타데이터(Metadata)

ETL메타데이터는 추출(Extraction), 변환(Transformation), 적재 (Load)의 과정에서 발생하는 메타데이터를 의미한다.

ETL 과정은 소스와 목표 시스템과의 관계 매핑 정보에 의해서 작업이 이루어지므로 관계 매핑 정보 즉 메타데이터 정보가 잘못되면 작업이 실패하게 된다. 각 단계마다의 메타데이터 정보를 잘 정리해서 등록하면 실제 작업 정보를 보지 않고도 데이터의 흐름을 파악할 수 있게 된다. 또한, ETL메타데이터 정보가 잘 관리되면, 동일한 소스로부터 목표 시스템까지 추출하는 작업을 중복해서 등록할 필요가 없게 되며, 기존 작업정보를 잘 활용하여 일을 신속하고 효과적으로 처리할 수 있게 된다. 또한, 데이터베이스 상의 물리적 변화가 있는 경우 ETL 메타데이터를 활용하여 영향도가 있는 작업(Job)들을 쉽게 파악해낼 수 있고, 후속 영향도도 같이 파악이 가능하다.

이런 이유에서 ETL 메타데이터 정보의 관리는 상당히 중요하며 그 활용성 또한 매우 넓은 편이다.

그럼 ETL과정에서 관리를 위해 필요한 메타정보들을 살펴보자.

ETL에 필요한 메타데이터를 이해하기 위해서는 ETL솔루션이 어떻게 작동하는지 먼저 알아야 하다

ETL 솔루션의 삭업 내용을 잠깐 살펴보면, ETL 작업 대상에 대한 논리적 매핑정의서를 기반으로 물리적 매핑(Mapping) 개체를 생성한다. 그리고 소스 데이터를 가져오기 위한 연결 정보 또는 타겟 시스템으로 전송하기 위한 연결 정보인 세션(Session) 개체를 만들어야 한다. 그 후에 세션(Session) 개체와 매핑(Mapping) 개체로 구성된 최종 워크플로우(Workflow) 개체를 만들게 된다. 이 후에 시간 스케줄이나 이벤트 기반의 스케줄 또는 Control-M 같은 작업관리Application으로 워크플로우(Workflow)를 실행하도록 설정한다.

정리해보면, ETL 작업 과정에서 필요한 메타데이터는 매핑(Mapping) 개체 정보, 세션(Session) 관리 정보 및 워크플로우(Workflow) 관리 정보라고 볼 수 있다.

[workflow 예시]

이 흐름에 따라 단계마다 필요한 메타데이터를 살펴보려고 한다.

ETL은 소스와 타겟 테이블 간의 관계를 정의한 매핑정의서를 기반으로 설계되므로 먼저 설계를 위한 매핑정의서가 작성된 후에 작업이 진행된다고 가정하자.

먼저, ETL의 매핑(Mapping)개체 생성시에 필요한 관리 정보를 살펴보자.

- 매핑명 : 매핑 정보를 담고 있는 개체 이름을 명시한다.
- 매핑 설명 : 해당 매핑이 어떤 업무처리를 하는 작업인지 설명한다.
- 주제 영역 : 해당 매핑이 어떤 업무 영역의 작업인지에 대한 사전에 분류되어 있는 주제영역을 명시한다.
- 설계 담당자 : 매핑을 설계한 업무담당자를 관리한다.
- 개발 담당자 : 매핑을 실제 개발한 IT담당자를 관리한다.

다음은 ETL 매핑 개체에 대한 기본 정보 및 구성개체에 대한 정보를 보여준다. 구성개체 정보를 보여주려면 사전에 해당 작업정보를 등록해야 한다.

Informatica 개체 메타정보	
Mapping ID	INF00100
Mapping명	map SD USER AUT_BAS_BAK
Mapping설명	사용자 권한 테이블 백업 관리
주제영역명	ETL_BIDW_IC00
설계담당자	김 미식
개발담당자	이 남돌
삭제여부	■ No, □ Yes

[ETL 메타 - 매핑 기본정보]

Informatica 개체 상세정보		
유형	개체명	설명
테이블	SD_USER_AUT_BAS	SD_사용자권한 기본
변환	EXPTRANS	
shortcut	SQ_Shortcut_to_SD_USER_AUT_BAS	
테이블	SD_USER_AUT_BAS_BAK	SD_사용자권한 백업용

[ETL 메타 - 매핑 구성개체 정보]

다음 화면은 매핑(Mapping) 개체 생성시에 사용된 매핑정의서 내용이다. 매핑 개체에 대한 상세 변환 내용은 여기서 참고 가능하다. 매핑정의서는 프로그램 작성시에 사용되는 것과 동일한 양식이다.

Informatica 개체 상세정보							
TARGET 테이블 정보							
개체구분ID	시스템	개체유형	개체논리명	DB인스턴스명	DB 스키마명	개체물리명	작업주기
DW_PROD_DS_0001	BIDW	TABLE	사용자권한	DW_PROD	EDW_DS_DB	SD_USER_AUT_BAS	daily
TARGET 정보		SOURCE 정보					
DB인스턴스명	……	DB인스턴스명	DB 스키마명	개체물리명	개체논리속성명	물리컬럼명	변환정보
DW_PROD	……	DW_PROD	EDW_DS_DB	SD_EMP_BAS	사원아이디	EMP_ID	1:1 move
DW_PROD	……	DW_PROD	EDW_DS_DB	SD_EMP_BAS	사원명	EMP_NM	1:1 move
DW_PROD	……	DW_PROD	EDW_DS_DB	SD_EMP_BAS	조직레벨	ORG_LEVEL	1:1 move
DW_PROD	……	DW_PROD	EDW_DS_DB	SD_EMP_BAS	사원소속조직	EMP_ORG	1:1 move
DW_PROD	……	DW_PROD	EDW_DS_DB	SD_EMP_BAS	사원소속조직1레벨	EMP_ORG_1_LEVEL	1:1 move
DW_PROD	……	DW_PROD	EDW_DS_DB	SD_EMP_BAS	사원소속조직2레벨	EMP_ORG_2_LEVEL	1:1 move
DW_PROD	……	DW_PROD	EDW_DS_DB	SD_EMP_BAS	사원소속조직3레벨	EMP_ORG_3_LEVEL	1:1 move
DW_PROD	……	DW_PROD	EDW_DS_DB	SD_EMP_BAS	사원소속조직4레벨	EMP_ORG_4_LEVEL	1:1 move
DW_PROD	……	DW_PROD	EDW_DS_DB	SD_EMP_BAS	사원소속조직5레벨	EMP_ORG_5_LEVEL	1:1 move
DW_PROD	……	DW_PROD	EDW_DS_DB	SD_EMP_BAS	사용자그룹ID	USER_GROUP_ID	1:1 move
DW_PROD	……	DW_PROD	EDW_DS_DB	SD_EMP_BAS	사용자권한롤	USER_AUT_ROLE	1:1 move

[ETL 메타 -테이블 매핑 정보]

다음으로 ETL의 세션(session) 개체 생성시에 필요한 관리정보를 살펴보자.
- 세션명 : 세션 정보를 담고 있는 개체 이름을 명시한다. 앞에서 만든 매핑 개체와 연결되어 사용되기 때문에 매핑별 고유 식별자를 포함하도록 명명한다.
- 세션 설명: 해당 세션에서 사용하는 접속정보에 대한 내용을 설명한다.
- 주제 영역 : 해당 세션 정보가 어떤 영역의 업무 처리를 하는지에 대한 주제 영역을 명시한다. 대개는 세션이 사용하는 매핑 개체의 주제 영역과 일치한다.

Informatica 개체 메타정보	
Session ID	INF.ses.00100
Session 명	ses_map_SD_USER_AUT_BAS_BAK
Session 설명	사용자 권한 테이블 백업 연결용
주제영역명	ETL_BIDW_IC00

[ETL 메타 - 세션 정보]

마지막으로 ETL의 워크플로우(workflow) 개체 생성시에 필요한 관리 정보를 살펴보자.

- 워크플로우명 : 세션 개체와 매핑 개체를 포함한 워크플로우 개체에 대한 이름을 명
시한다. 위의 세션 명칭과 마찬가지로 매핑 개체의 작업내용을 알 수 있도록 매핑별
고유 식별자를 포함하도록 명명한다.
- 워크플로우 설명 : 워크플로우가 어떤 작업에 대한 내용인지 설명한다.
- 주제 영역 : 워크플로우가 어떤 영역의 업무 처리를 하는지에 대한 주제 영역을 명시
한다. 대개는 워크플로우 내의 매핑 개체의 주제 영역과 동일하다.

Informatica 개체 메타정보	
Workflow ID	INF.wfn.00100
Workflow 명	wfn_map_SD_USER_AUT_BAS_BAK00
Workflow 설명	SD_USER_AUT_BAS 테이블 이력 관리 일주일치 데이터 보관
주제영역명	ETL_BIDW_IC00
설계담당자	이 남돌

[ETL 메타 - 워크플로우 정보]

ETL 솔루션으로 Informatica를 사용한 경우의 매핑 (Mapping) 개체 및 세션 개체, 워크플로우 개체에 대해 살펴보았다. ETL 개체 생성시에 명명규칙을 적용하여 검색 및 활용 시에 편리함을 제공할 수 있도록 정책을 가져가면 유용하다.

DBMS 메타데이터(Metadata)

DBMS 메타데이터는 데이터베이스에 저장된 데이터들에 대한 정보를 관리한다.
DBMS상에서 관리하는 데이터는 보통 DB 카탈로그(Catalog) 테이블에 상세하게 저장되어 있는데, 이 카탈로그 테이블 정보를 참조하여 DBMS 메타데이터로 등록한다.
DB 카탈로그 테이블을 관리하지 않는 경우는 논리모델 및 물리모델을 관리하는 모델관리시스템 또는 모델관리솔루션의 메타데이터 정보를 활용하여 DBMS 메타데이터로 등록한다.
DBMS메타데이터 정보로는 테이블 정보, 칼럼정보, 데이터 타입 정보, 보관주기 등이 있다.

- 테이블 정보: 테이블 생성 목적 및 데이터 적재 내용을 관리한다.
- 칼럼 정보: 테이블을 구성하는 상세 칼럼들에 대한 개별 설명을 관리한다.
- 타입 정보: 각 칼럼들에 대한 데이터 타입 정보를 관리한다.
- 보관주기: 테이블 데이터의 보관주기를 관리하며, 보관시작 시점 및 파티션 키 정보
등도 관리한다.

- 설계자 : 테이블 설계 담당자를 관리한다.
- 기타 : 이외에도 필요한 정보를 관리하여 활용할 수 있다.

다음은 일반적인 테이블 메타 관리기본 항목 예시이다.

테이블 개체 메타정보	
테이블ID	T00100
테이블명	SD_USER_AUT_BAS
스키마명	EDW_DS_DB
테이블 설명	사용자 권한 정보를 관리한다
테이블 구분	■ 기본 , □ 요약
테이블 DataLayer	데이터통합
보관주기	영구
보관주기 단위	영구
초기적재건수	200000
증가건수	10
증가건수단위	일
설계자	이 남돌

[DBMS메타- 테이블 정보]

다음 화면은 테이블 칼럼에 대한 상세 메타정보를 보여주는 예시이다. 해당 정보로 DBMS
에 접속하지 않고도 필요한 정보를 참고하여 활용할 수 있다.

테이블 개체 상세정보			
물리명	한글명	DATA TYPE	길이
EMP_ID	사원아이디	INTEGER	4
EMP_NM	사원명	VARCHAR	50
ORG_LEVEL	조직레벨	INTEGER	4
EMP_ORG	사원소속조직	VARCHAR	50
EMP_ORG_1_LEVEL	사원소속조직1레벨	VARCHAR	50
EMP_ORG_2_LEVEL	사원소속조직2레벨	VARCHAR	50
EMP_ORG_3_LEVEL	사원소속조직3레벨	VARCHAR	50
EMP_ORG_4_LEVEL	사원소속조직4레벨	VARCHAR	50
EMP_ORG_5_LEVEL	사원소속조직5레벨	VARCHAR	50
USER_GROUP_ID	사용자그룹ID	VARCHAR	10
USER_AUT_ROLE	사용자권한롤	VARCHAR	20
DATA_PROC_EMP_ID	데이터처리자	INTEGER	4
DATA_PROC_PGM_ID	데이터처리프로그램ID	VARCHAR	30
DATA_PROC_PERIOD_VAL	데이터처리기간값	INTEGER	4

[DBMS메타 - 칼럼 정보]

DBMS 메타데이터는 시스템간의 정보 전송이나 신규 연동 등의 작업이 있는 경우 서로간의 이해를 위해 해당 정보를 제공하여 작업에 대한 이해도를 높일 수 있다. 이외도 메타데이터에 대한 활용도는 다양하다.

프로시저/프로그램 메타데이터(Metadata)

프로시저(Stored Procedure)나 프로그램(Program) 메타데이터는 프로그램 내에 사용된 DBMS 카탈로그 정보 및 비즈니스 규칙 정보 등을 관리한다.

보통 프로시저들은 SQL 정보들로 구성되어 있는데, 해당 정보는 프로시저용 매핑정의서라는 논리 설계서를 근거로 작성된다. 이 매핑정의서에 담긴 내용들이 메타데이터로 관리된다.

매핑정의서에 나오는 메타 정보로는 다음과 같은 것들이 있다.

- 소스(Source) 테이블 정보: 데이터를 가공할 때 사용되는 소스 테이블 정보를 관리한다.
- 대상(Target) 테이블 정보: 가공된 데이터를 최종 저장하는 목적 대상(Target) 테이블 정보를 관리한다.
- 소스칼럼 정보: 데이터를 가공할 때 사용되는 소스 테이블의 칼럼 정보를 관리한다.
- 대상(Target)칼럼 정보: 가공된 데이터를 최종 저장하는 목적 대상(Target) 칼럼 정보를 관리한다.
- 가공규칙 정보: 소스와 대상 칼럼과의 관계 정보를 관리한다. 즉, 소스칼럼으로부터 대상 칼럼까지의 가공 로직(Logic) 및 업무 규칙 등을 관리한다

프로그램 정보에서 관리되는 메타 정보로는 다음과 같은 것들이 있다.

- 프로그램명: 프로그램명 관리하는 규칙에 따라 명명하여 관리한다. 예로 일 단위 프로그램은 PG_D_로 시작하고, 월 단위 프로그램은 PG_M_으로 시작한다 등의 규칙이 있을 수 있다.
- 프로그램 설명: 프로그램에서 처리하는 주요 내용을 서술하는 설명 정보를 관리한다.
- 프로그램 개발자: 프로그램 현행화를 담당하고 있는 개발자 정보를 관리한다.
- 프로그램 주제영역: 프로그램에서 처리한 결과 데이터가 속한 주제영역을 관리한다.
- 프로그램 작업 주기: 프로그램의 실시간 처리나, 일 배치, 월 배치 작업 등의 작업 주기를 관리한다.

프로그램에서 관리되는 정보는 프로시져에서도 동일하게 관리될 수 있는 데이터이다.

다음 화면은 프로그램에 대한 기본 관리 정보를 보여주고 있다. 여기서 관리되는 설계자 정보를 참고하여 프로그램 개선 등의 작업에 대한 영향도 파악에 활용할 수 있을 것이다.

데이터 처리 프로그램 개체 메타정보	
프로그램관리ID	PGM00100
프로그램명(한글명)	사용자 권한정보 관리
프로그램명(물리명)	PGM_USER_AUT_BAS_1
프로그램 유형	단위처리 프로그램
주제영역	요약
프로그램개발도구	Stored Procedure
설계 담당자	김 미식
개발 담당자	이 남돌

[프로그램 예시 - 기본정보]

해당 화면은 프로그램 정보에 대한 상세 물리 프로그램(프로시져) 정보를 매핑해서 보여주고 있다.

데이터 처리 프로그램 상세정보			
유형	개체명	주제영역	설명
프로시저	PGM_USER_AUT_BAS_1	요약	사용자권한정보를 관리하다

[프로그램 예시 - 상세 성보]

해당 화면은 프로그램이 처리하는 내용에 대해 정의해 놓은 매핑정의서에 있는 대상 테이블 정보를 보여주고 있다. 보통은 대상 테이블은 하나로 보일 것이다.

데이터 처리 프로그램 매핑 정보						
TARGET 테이블 정보						
개체구분 ID	시스템	개체유형	개체 논리명	DB 인스턴스명	개체 물리명	작업주기
DW_PROD.DS_USER_AUT_BAS	EDW	TABLE	사용자권한정보	DW_PROD	DS_USER_AUT_BAS	daily
DW_PROD.DS_USER_AUT_BAS	EDW	TABLE	사용자권한정보	DW_PROD	DS_USER_AUT_BAS	daily
DW_PROD.DS_USER_AUT_BAS	EDW	TABLE	사용자권한정보	DW_PROD	DS_USER_AUT_BAS	daily
DW_PROD.DS_USER_AUT_BAS	EDW	TABLE	사용자권한정보	DW_PROD	DS_USER_AUT_BAS	daily
DW_PROD.DS_USER_AUT_BAS	EDW	TABLE	사용자권한정보	DW_PROD	DS_USER_AUT_BAS	daily
DW_PROD.DS_USER_AUT_BAS	EDW	TABLE	사용자권한정보	DW_PROD	SD_USER_AUT_BAS	daily

[프로그램 예시 - 대상 테이블 정보]

해당 화면은 프로그램 처리에 필요한 매핑정의서에 정의되어 있는 소스 테이블 정보를 보여주고 있다. 보통은 대상 테이블과 달리 여러 소스 테이블을 보여준다.

데이터 처리 프로그램 매핑 정보						
SOURCE 테이블 정보						
개체구분ID	시스템	개체유형	개체논리명	DB인스턴스명	DB스키마명	개체물리명
DW_PROD.SD_EMP_BAS	EDW	TABLE	사원테이블	DW_PROD	EDW_DS_DB	SD_EMP_BAS
DW_PROD.SD_ORG_BAS	EDW	TABLE	조직테이블	DW_PROD	EDW_DS_DB	SD_ORG_BAS
DW_PROD.SD_RULE_BAS	EDW	TABLE	사용자권한규칙	DW_PROD	EDW_DS_DB	SD_USER_RULE_BAS

[프로그램 예시 - 소스 테이블 정보]

다음 화면은 프로그램 처리에 필요한 매핑정의서에 정의되어 있는 대상 테이블의 칼럼 단위 정보를 보여주고 있다. 앞 단의 대상 테이블의 속성(DB인스턴스명, 스키마명, 개체 물리명, 개체 논리명 등)을 그대로 상속하여 사용하고 있다.

데이터 처리 프로그램 매핑 정보							
TARGET 정보							
개체 ID	시스템	DB인스턴스명	DB 스키마명	개체물리명	개체논리속성명	물리컬럼명	개체 유형
DW_PROD.DS_USER_AUT_BAS	EDW	DW_PROD	EDW_DS_DB	DS_USER_AUT_BAS.EMP_ID	사원아이디	EMP_ID	TABLE
DW_PROD.DS_USER_AUT_BAS	EDW	DW_PROD	EDW_DS_DB	DS_USER_AUT_BAS. EMP_NM	사원명	EMP_NM	TABLE
DW_PROD.DS_USER_AUT_BAS	EDW	DW_PROD	EDW_DS_DB	DS_USER_AUT_BAS. ORG_LEVEL	조직레벨	ORG_LEVEL	TABLE
DW_PROD.DS_USER_AUT_BAS	EDW	DW_PROD	EDW_DS_DB	DS_USER_AUT_BAS. EMP_ORG	사원소속조직	EMP_ORG	TABLE
DW_PROD.DS_USER_AUT_BAS	EDW	DW_PROD	EDW_DS_DB	DS_USER_AUT_BAS. EMP_ORG_1_LEVEL	사원소속조직1레벨	EMP_ORG_1_LEVEL	TABLE
DW_PROD.DS_USER_AUT_BAS	EDW	DW_PROD	EDW_DS_DB	DS_USER_AUT_BAS. EMP_ORG_2_LEVEL	사원소속조직2레벨	EMP_ORG_2_LEVEL	TABLE
DW_PROD.DS_USER_AUT_BAS	EDW	DW_PROD	EDW_DS_DB	DS_USER_AUT_BAS. EMP_ORG_3_LEVEL	사원소속조직3레벨	EMP_ORG_3_LEVEL	TABLE
DW_PROD.DS_USER_AUT_BAS	EDW	DW_PROD	EDW_DS_DB	DS_USER_AUT_BAS. EMP_ORG_4_LEVEL	사원소속조직4레벨	EMP_ORG_4_LEVEL	TABLE
DW_PROD.DS_USER_AUT_BAS	EDW	DW_PROD	EDW_DS_DB	DS_USER_AUT_BAS. EMP_ORG_5_LEVEL	사원소속조직5레벨	EMP_ORG_5_LEVEL	TABLE
DW_PROD.DS_USER_AUT_BAS	EDW	DW_PROD	EDW_DS_DB	DS_USER_AUT_BAS. USER_GROUP_ID	사용자그룹ID	USER_GROUP_ID	TABLE
DW_PROD.DS_USER_AUT_BAS	EDW	DW_PROD	EDW_DS_DB	DS_USER_AUT_BAS. USER_AUT_ROLE	사용자권한롤	USER_AUT_ROLE	TABLE

DW_PROD.DS_USER_AUT_BAS	EDW	DW_PROD	EDW_DS_DB	DS_USER_AUT_BAS.PGM_ID	작업프로그램ID	PGM_ID	TABLE
DW_PROD.DS_USER_AUT_BAS	EDW	DW_PROD	EDW_DS_DB	DS_USER_AUT_BAS.WORK_DATE	작업일자	WORK_DATE	TABLE
DW_PROD.DS_USER_AUT_BAS	EDW	DW_PROD	EDW_DS_DB	DS_USER_AUT_BAS.DATA_PROC_PERD	데이터처리기간	DATA_PROC_PERD	TABLE
DW_PROD.DS_USER_AUT_BAS	EDW	DW_PROD	EDW_DS_DB	DS_USER_AUT_BAS.WORKER_ID	작업자ID	WORKER_ID	TABLE

[프로그램 예시 - 대상 칼럼 정보]

다음 화면은 프로그램 처리에 필요한 매핑정의서에 정의된 내용으로 타겟 테이블을 만들기 위해 필요한 소스 테이블의 칼럼 정보를 보여주고 있다. 또한, 대상 타겟 칼럼 생성에 필요한 소스 칼럼 및 변환 규칙 정보가 같이 관리된다. 여기서도 앞의 소스 테이블 속성을 그대로 상속하여 사용하고 있다.

데이터 처리 프로그램 매핑 정보							
SOURCE 정보							
개체ID	시스템	개체물리명	개체유형	개체논리속성명	물리컬럼명	변환정보	
DW_PROD. DS_EMP_BAS	EDW_DS_DB	DS_EMP_BAS	TABLE	사원아이디	EMP_ID	1:1 move	
DW_PROD. DS_EMP_BAS	EDW_DS_DB	DS_EMP_BAS	TABLE	사원명	EMP_NM	1:1 move	
DW_PROD. DS_ORG_BAS	EDW_DS_DB	DS_ORG_BAS	TABLE	조직레벨	ORG_LEVEL	1:1 move	
DW_PROD. DS ORG_BAS	EDW_DS_DB	DS_ORG_BAS	TABLE	사원소속조직	EMP_ORG	1:1 move	
DW_PROD. DS_ORG_BAS	EDW_DS_DB	DS_ORG_BAS	TABLE	사원소속조직1레벨	EMP_ORG_1_LEVEL	1:1 move	
DW_PROD. DS_ORG_BAS	EDW_DS_DB	DS_ORG_BAS	TABLE	사원소속조직2레벨	EMP_ORG_2_LEVEL	1:1 move	
DW_PROD. DS_ORG_BAS	EDW_DS_DB	DS_ORG_BAS	TABLE	사원소속조직3레벨	EMP_ORG_3_LEVEL	1:1 move	
DW_PROD. DS_ORG_BAS	EDW_DS_DB	DS_ORG_BAS	TABLE	사원소속조직4레벨	EMP_ORG_4_LEVEL	1:1 move	
DW_PROD. DS_ORG_BAS	EDW_DS_DB	DS_ORG_BAS	TABLE	사원소속조직5레벨	EMP_ORG_5_LEVEL	1:1 move	
DW_PROD. DS_USER_RULE_BAS	EDW_DS_DB	DS_USER_RULE_BAS	TABLE	사용자그룹ID	USER_GROUP_ID	1:1 move	
DW_PROD. DS_USER_RULE_BAS	EDW_DS_DB	DS_USER_RULE_BAS	TABLE	사용자권한롤	USER_AUT_ROLE	1:1 move	
				작업프로그램ID		constant	
				작업일자		current_date-1	
				데이터처리기간		current_date-2~current_date-1	
				작업자ID		constant	

[프로그램 예시 - 소스 칼럼 정보]

프로그램에 대한 메타 관리가 잘 이루어지려면 무엇보다도 매핑정의서가 잘 관리되어야 한다. 이 정보가 ETL 및 프로그램의 근간이 되고 있기 때문이다. 따라서 요구사항 변경에 의해 프로그램 변동이 발생하면 매핑정의서도 반드시 현행화 하여 관리 가 되어야 한다. 운영 관리 프로세스가 담당하는 중요한 역할 부분이라고 생각한다.

작업관리 메타데이터(Metadata)

작업관리 솔루션은 ETL 작업이나 프로그램 실행 순서를 관리하는 솔루션이다. 이 솔루션을 통해 프로그램간의 선행과 후행 관계를 등록하고 조정 가능하다. 대표적인 솔루션으로는 컨트롤 엠(Control-M)이 있다.

컨트롤 엠에서 관리하는 메타데이터로는 다음과 같은 항목이 있다.

- 작업명 : 등록하려는 컨트롤 엠 작업 명을 관리한다.
- 작업 그룹 : 컨트롤 엠 작업 그룹을 관리한다. 작업에는 실시간 작업, 주기성 작업, 일회성 작업 등이 있다.
- 작업 유형 : 작업유형에는 수집 처리 , 전송 처리, 프로그램이나 프로시저 수행 처리 등의 작업이 있다.
- 프로그램명 : 컨트롤 엠 작업에서 수행이 필요한 프로그램 작업명을 관리한다. 프로그램에는 프로시저나 ETL 작업 프로그램 등이 해당된다.
- 선행 프로그램명 : 선행 프로그램 작업이 종료 후에 후행으로 실행될 수 있도록 선행 프로그램 정보를 관리한다. 이렇게 정보를 관리하면 프로그램간의 선행과 후행 관계를 정의할 수 있게 된다.
- 작업 시각 : 선행과 후행 관계 프로그램 작업이 아닌 경우, 단독 작업의 수행 시작 시간을 관리한다. 시간 종속이 걸린 작업에 대해서 관리가 필요하다.
- 프로그램 담당자 : 컨트롤 엠에 등록된 프로그램의 개발 담당자를 관리한다. 프로그램 수행 시에 문제가 발생하거나 다른 사유로 프로그램 시작을 못하는 경우 연락할 수 있는 담당자 정보가 필요하므로 반드시 현행화하여 관리해야 한다.
- 생성 일자 : 컨트롤 엠 작업 등록일자를 관리한다.
- 수정 일자 : 컨트롤 엠 작업 변경의 최근 수정일자를 관리한다.

다음 화면은 컨트롤 엠에서 관리되는 기본정보를 보여주는 예시이다.
기본 정보 항목 이외는 별도 화면에서 상세 정보를 관리하도록 되어 있다.

Control-M Job 개체 메타정보	
JOB ID	JOB00100
JOB 명	REAL-9TO6-DF-HRM……
애플리케이션명	EDW-REAL
애플리케이션그룹명	REAL-9TO6
Job 설명	9to6 HRM 근무신청정보 실시간 현행화 작업으로 일 6회 수행됨
프로그램유형	Workflow
프로그램명	wfn_map_DP_HRM_9to6
TASK 유형	batch job
JOB 파일경로명	/infa/dp/scripts/real/
실행문장	
생성일자	2020-08-24 19:00:00 PM
수정일자	2022-02-25 18:00:00 PM
설계자	이 남돌

[Control-M 사용 예시 - 기본정보]

해당 화면은 선행과 후행 Job간의 관계를 보여주고 있다.

Control-M Job 개체 상세정보	
JOB ID	JOB00100
선행 JOB	후행 JOB
□ ▶ REAL-9TO6-DC-HRM_연장근로대상사	□ ▶ REAL-9TO6-DP-HRM_연장근로대상자 전송
□ ▶ BASE-COMN-PARAMETER_작업파라미터	

[Control-M 사용 예시 - Job관계]

끝으로 정리해보면, 메타관리시스템은 비즈니스 메타, OLAP 메타, ETL 메타, DBMS 메타 및 정보관리가 필요한 모든 솔루션의 메타정보를 관리하는 시스템이다. 시스템상에서 데이터 변경이 있는 경우는 메타데이터를 이용하여 변경 영향도를 확인할 수 있다. 시스템이 대규모인 경우는 관리되는 데이터가 많기 때문에 그만큼 영향도 파악이 어려운데, 이런 경우 메타데이터가 잘 관리되어 있다면 효율적으로 활용할 수 있게 된다.

요즘은 빅데이터 시대여서 점점 더 메타데이터 관리에 대한 수요가 많아지고 있다. 이제는 메타데이터가 필수 관리 대상으로 인식되고 있다. 메타관리솔루션은 이미 국내에도 많이 선보이고 있다.
그만큼 IT에는 필수적인 존재로 자리매김하고 있다. 이제는 메타데이터 구축이 아니라 구축된 데이터 활용여부에 따라 기업의 IT 기술 발전 방향에 많은 차이가 날 것이라 생각된다.

04

챗봇
이야기

데이터스푼을 개발하면서 챗봇을 만나다

차례

몇 년 전에 우연히 챗봇을 접하게 되었다. 챗봇 붐(Boom)이 일면서 금융, 서비스업, 공공 기관 등 여러 분야에서 사용하기 시작했지만, 필자한테도 그것을 사용할 기회가 생기리라고는 상상조차 못했다. 그러던 어느 날 세미나에서 챗봇을 이용하여 OLAP 서비스를 활용하는 사례를 접하게 되었다. 그래서 우리 회사에서도 챗봇을 도입하면 좋은 서비스가 될 것이라 판단되어 챗봇에 대해서 연구하기 시작했고, 어느 범위까지 활용할 수 있는지를 검토하였다. 챗봇으로 제공할 서비스를 설계하여 상용화할 수 있도록 스폰서를 찾았고, 이후 프로젝트 승인이 나서 1차 개발을 진행하기에 이르렀다. 그 작업 중에 한글 인식에 대한 문제로 다소 어려움을 겪기도 했지만 이에 적절히 대처하여, 마침내 챗봇 서비스를 성공적으로 오픈할 수 있었다.

물론 오픈 이후에도 지속적으로 챗봇 원리에 대해 파고들었고, 그 과정에서 요즘 유행하는 머신러닝 알고리즘도 접하게 된다. 챗봇 이야기 본문에는 이 알고리즘도 같이 실었다. 이후 챗봇 서비스는 고도화 계획으로 2차 개발까지 진행되었으며, 이 과정에서 확장된 챗봇 서비스 기능을 개선하여 서비스 품질을 높이게 되었다. 챗봇 이야기는 이 과정에서 경험한 부분을 소개하려고 한다.

챗봇이란 무엇인가?

먼저 챗봇(chatbot)이 무엇인지, 어떤 기능을 하는지 알아보려고 한다.

챗봇은 화자의 질문에 대해서 답변을 해주는 기능을 한다.

답변을 제공하는 방식에 따라 챗봇을 분류하기도 하는데, 업무전문가 에 의해 설계된 지식과 답변을 규칙기반으로 제공하는 규칙기반의 챗봇과 실제 대화를 학습하여 질문에 답하는 인공신경망 기반의 챗봇으로 나눈다.

먼저 규칙기반의 챗봇에 대해 알아보자. 규칙기반의 챗봇에서는 화자의 질문은 사전에 등록된 지식 범주에 속해야만 챗봇이 등록된 지식 안에서 최적의 답을 찾아 답변을 제공하게 된다.

챗봇에서 중요한 것은 지식등록이다. 등록된 지식이 많을 수록 사용자에게 다양한 답변이 제공된다. 사전에 등록된 지식이 없다면 챗봇은 항상 이렇게 답변한다. '죄송합니다. 질문을 이해하지 못했습니다.' 질문을 이해 못한 게 아니라 답변할 정보가 없어서 그렇다.

챗봇은 특정 주제에 대해서 제공하는 단일 주제기반으로 운영 서비스 를 한다. 다양한 주제에 대해서 서비스를 하게 된다면 방대한 양의 사전 지식을 입력해야 하고, 이 지식 관리 및 업데이트도 쉽지 않게 된다. 그래서 단일 주제기반으로 서비스할 때 효율적이라고 보면 된다. 다른 주제영역의 서비스가 필요하다면 챗봇을 추가로 도입해서 운영에 활용해야 한다. 기업에서는 다양한 영역의 업무를 처리한다. 인사업무 서비스에는 인사 챗봇을 활용하고, 영업실적을 제공하는 서비스에는 영업실적 챗봇을 이용하면 된다.

두 번째, 인공신경망 기반 방식의 챗봇은 여러 학습 경로를 통해 실제 대화를 학습해서 답변을 제공하는 방식이다. 그래서 특정 주제가 아니라 다양한 주제를 소화해낸다. 그래서 열린 주제를 다룬다고 말하기도 한다. 실제 대화를 학습하여 사람 흉내를 내는 수준의 답변을 제공해야 하므로 실로 엄청난 양의 데이터를 학습해야 한다. 대량의 학습을 하기 위해서는 그에 맞는 기계 자원도 뒷받침되어야 한다. 이런 이유로 대기업 등에서 주로 진행하고 있다. 대량의 데이터는 주로 인터넷상의 대화 내용 등을 가져다 학습하기 때문에 부적절한 대화들이 포함되어 있을 수 있어서 사회편향성 등의 이슈가 제기되기도 한다.

챗봇의 구조

다음은 챗봇의 구조에 대해서 알아보자.

챗봇 서비스를 제공하기 위해서는 먼저 사용자 즉 질의자가 사용하는 클라이언트 도구인 챗봇 대화창이 필요하며 관리자가 지식을 등록하고 관리하는 콘텐츠 관리용 서버가 필요하다. 그리고, 실제 지식이 저장되는 데이터저장소DBMS도 필요하다. 그리고, 대화창의 내용을 전달해서 실제 화자의 질문을 구문 분석하여 지식 관리 서버에서 필요한 정보를 추출하여 제공하는 중계용 API서버가 필요하다.

정리하자면, 다음의 2가지 종류의 기능을 지원해야 한다.

· **챗봇 대화창(client tool) -> API 서버 -> 콘텐츠 관리서버(CMS) -> 지식DB**
· **관리자 -> 콘텐츠 관리 서버(CMS) -> 지식 DB**

시스템 구조도로 보면, 다음과 같이 구성된다.

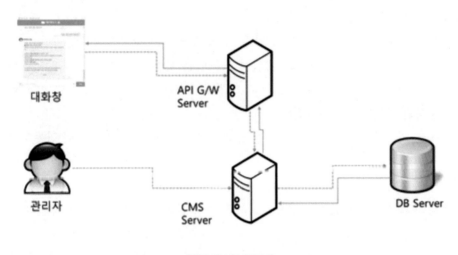

[챗봇 시스템 구조도]

API G/W 서버와 CMS 서버가 독립된 구조로 되어 있지만, 규모에 따라서 단일 서버 내에서 같이 구축하여 사용해도 무방하다. 일반적으로 운영 환경에서는 시스템 무중단을 위해서 이중화로 구축하여 안정성을 가져가기도 한다.

챗봇의 응용

이제 챗봇으로 무엇을 할 수 있는지 알아보자.
앞에서 챗봇은 주제영역 기준으로 다양하게 활용할 수 있다고 했다. 챗봇은 단순하게 묻고 답하는 기능 이외에도 다른 응용프로그램과 연결해서 서비스가 가능하다.
예로 인사 챗봇을 보자. 인사관련 서류 신청 및 휴가 신청, 확인 등 다양하게 활용할 수 있다. 커피 주문 챗봇도 있다. 첫 단계로 커피 종류를 선택하고, 두 번째 단계로 커피 사이즈 선택하고, 세 번째 단계로 hot인지 cold인지 선택하고 마지막으로 커피 수량을 선택하는 등의 일을 대행하는 일을 순차적으로 해줄 수 있는 챗봇이다. 실적 조회용 챗봇도 마찬가지다. 조직을 선택하고, 실적년월을 선택하고, 필요한 정보유형을 선택해서 최종 실적을 조회해주는 챗봇이다. 이런 챗봇들을 이용하면 24시간 서비스를 할 수 있기 때문에 생산성이 높아진다.

이렇게 순차적으로 정보를 주고받는 챗봇은 단순 FAQ방식의 응대가 아니라 NER기반의 대화형 방식이다. NER이라 함은 개체명 인식 (Named Entity Recognition) 방식으로 사전에 등록된 개체변수를 설정해서 해당 개체에 값이 들어왔을 때 이 값을 등록된 내용으로 교체해서 사용하도록 하는 방식이다.

이렇게 해서 주문 내용 등이 저장되어 최종 API로 전달하는 방식으로 작동한다.

예로 든 커피 주문처럼 자동화기기 형식에 사용되면 사람의 손을 거치지 않고도 충분히 한 사람 분량의 일을 처리할 수 있게 된다. 그것도 24시간 쉬지 않고서도 말이다. 이런 효율성이 챗봇의 장점이라고 생각된다.

실적 챗봇은 기존 OLAP시스템과의 연동 또는 DW 시스템과 직접 적으로 연동하여 필요한 정보를 제공할 수 있다.

또한, 항공예약 챗봇은 항공시간 검색, 항공편 예약, 결제 대행으로 연결하는 등의 서비스로 반복적인 업무를 24시간 제공함으로써 고객에게 편의성 및 효율성을 제공한다.

이외에는 여러 응용 분야가 있다. 금융 회사에서는 상담 챗봇을 이용하여 계좌 개설 및 간단한 은행 업무 서비스를 제공하고 있으며, 홈쇼핑 등에서는 실시간 주문 처리 등의 업무도 대행하고 있다. 실제로 여러 업무 분야에서 쉽게 활용할 수 있는 장점이 있다.

다음 화면은 필자가 설계한 영업실적용 챗봇 사례이다.

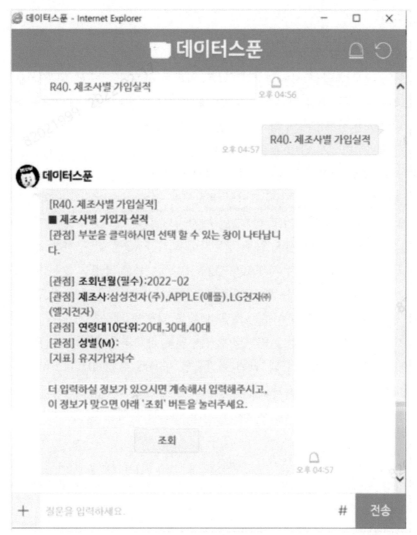
[영업실적 챗봇 예시 화면]

제조사별로 가입실적이 어떻게 되는지에 대한 질문 "제조사별 가입실적"을 입력 받으면
해당 질문에 대한 추출 조건들을 구체화시키는 단계 즉 제조사에 대한 조건과 조회시점
및 부가 관점 조건들을 제공하여 질문내용을 보완하고, 최종적으로 하단의 조회 버튼을
클릭해서 실적 결과를 확인할 수 있도록 하였다. 이렇게 추출조건을 구체화하는 중간 단
계를 거치면서 방대한 데이터 처리가 아닌 필요한 데이터만을 처리할 수 있도록 구현하
였다.

챗봇 작동 원리

다음은 챗봇의 작동 원리에 대해서 간단히 살펴보자.

앞의 챗봇 구조에서 언급한 것처럼 챗봇 작동 원리는 사용자가 챗봇 대화창에 질문을 하게 된다. 그러면 챗봇은 해당 질문을 API서버에 보내고, API서버에서 DB에 연결하여 필요한 정보를 탐색하여 사용자에게 다시 답변을 하는 구조이다.

해당 과정 중 API서버에서 답변에 필요한 정보를 어떻게 탐색하는 지가 궁금한 부분이다. API서버에서는 챗봇 대화창을 통해 들어온 화자의 문장을 토큰화하여 단순 키워드 방식의 검색기술을 사용하거나, 여기에 코사인 유사도를 접목하여 인공지능 알고리즘을 추가한 효율적인 답변을 유도해내기도 한다. 단순 키워드 검색기술은 주로 간단히 묻고 답하는 FAQ 형식의 지식에 해당된다. 업무 전문가에 의해 FAQ를 잘 구성해 놓으면 좋은 효율을 낼 수 있다. 그런데 이런 유사 FAQ가 많은 경우는 좋은 답변을 찾는 데 어려움을 겪는다. 그래서 코사인 유사도라는 알고리즘을 접목해서 유사 질문에 대한 깊은 관계를 표시하는 즉 높은 점수 관계를 보여주는 질문에 대한 답변을 제공하는 방식을 취하기도 한다. 좀 더 자세하게 설명하자면, API서버에서는 챗봇 대화창을 통해 들어온 화자의 문장을 토큰화하고, DB에 있는 질문과 답변 문장들을 이용해서 TF-IDF(Term Frequency - Inverse Document Frequency) 행렬을 만들고 질문과의 코사인 유사도를 비교한다. 또한 K-NN(K-Nearest Neighbors) 알고리즘을 이용해서 등록된 유사 질문을 찾아내기도 한다.

물론 챗봇마다 작동하는 방식은 다를 것이라 본다. 여기서는 이렇게 설계된 챗봇에 대해서 좀 더 구체적으로 살펴보려고 한다.

챗봇은 인간의 대화를 기반으로 처리하므로 기계가 인간의 대화를 이해할 수 있도록 변환 작업을 해야 하는데, 이런 작업을 자연어 처리(Natural Language Processing, NLP)라고 한다.

챗봇 작동 원리를 이해하기 위해서는 자연어처리 기반의 텍스트(Text) 분석에 관한 기초 지식이 필요하다.

텍스트(Text) 분석에서 많이 사용하는 용어로는 NLP, 토큰화, 말뭉치 (Corpus) 등이 있다. NLP는 자연어처리(Natural Language Processing)를 말하며, 자연어 처리에서는 일반적인 텍스트를 바로 피처(Feature, 분석인자)로 사용할 수 없기 때문에 별도 처리 과정을 거쳐야 한다. 기계는 텍스트가 아니라 숫자 기반으로 작동하기 때문에 기계가 사용할 수 있는 숫자 기반의 피처(Feature)를 만들어 내기 위해서는 사전에 불필요한 텍 스 트

삭제 등의 처리 과정이 필요하다. 이런 과정을 텍스트 전처리라고 하며, 전처리 내용으로는 클렌징(cleansing), 토큰화(tokenization), 불용어 제거(의미 없는 단어 제거), 정규화(normalization) 등의 작업이 있다.

- 클렌징은 텍스트에 불필요한 중복, 의미 없는 문자/기호 등을 제거하는 작업에 해당한다.
- 토큰은 어휘 분석의 단위로서 문법적으로 더 이상 나눌 수 없는 언어요소를 일컫는데, 토큰화는 긴 문장의 텍스트를 토큰으로 분해하는 과정을 의미한다.
- 불용어는 의미 없는 단어를 지칭한다. 이 불용어는 문장에 자주 나타나지만 이는 형식을 맞추기 위한 목적이어서 문맥상의 큰 의미는 가지지 못하는 단어를 말한다. 예로 영어에서는 the, a, an, is 등이 있다. 영어는 불용어가 사전에 분류되어 제공되지만, 한국어는 별도로 제공되지 않기 때문에 다루는 주제에 따라 정의해서 사용해야 한다. 한국어 예제로는 '곧', '이제', '이어서', '좀' 등이 있다.
- 정규화는 같은 의미를 지니는 단어가 여러 다른 방식으로 표현되어 사용될 때 통일해서 사용하는 과정을 의미한다. 예로, USA~US, 옥수수~강냉이, 아이스크림~아이스케키~얼음과자 등이 이에 해당된다.

이런 전처리 과정을 거치면 초기 학습학 텍스트 사이즈가 많이 줄어들게 된다. 특히 정규화 과정은 주제 등에 영향을 끼칠 수 있는 중요한 부분으로 사전에 데이터를 많이 들여다보고, 여러 차례 반복하여 수행해야 좋을 결과를 낼 수 있다. 텍스트 분석에서 이 전처리 과정이야 말로 인내심을 갖고 처리해야 하는 단계이고 그만큼 중요하다, 전처리 결과에 따라 분석성능도 상당한 차이를 보인다.

다음으로 말뭉치 또는 코퍼스(corpus)의 사전적 의미를 찾아보자.
말뭉치(코퍼스)란, 언어를 연구하는 각 분야에서 필요로 하는 연구 재료로서 언어의 본질적인 모습을 총체적으로 드러내 보여줄 수 있는 자료의 집합을 뜻한다. 즉, 일반적인 문장에 나오는 단어 집합 정도라고 이해하면 될 것 같다.
말뭉치에 이어 토큰에 대해서 알아보자. 토큰(token)이란 문법적으로 더 이상 나눌 수 없는 언어요소를 말한다. 문법적으로 나눈다는 것은 국어에서 보면 품사 정도로 구분할 수 있다는 의미다. 국어에서는 조사도 의미를 가지기 때문에 이렇게 구분하고 있다. 그래서 토큰은 영어권에서는 보통 문장에서 공백(space)을 기준으로 나눈 단어에 해당하지만 한국어에서는 주로 품사 단위로까지 나누어 구분되는 단어에 해당한다. 그래서 '토큰화 한다'라는 의미는 문장을 토큰 단위로 나눈다는 의미이다.

이제 앞에서 말한 챗봇 작동 원리로 화자가 질문한 문장을 토큰화 한다는 의미가 이해가 되리라 본다.

기계학습에서는 텍스트 데이터를 바로 인식하지 못하기 때문에 숫자 행렬로 변환하여 사용한다. 문서를 숫자 행렬로 변환하는 여러 가지 방법에 대해 알아보자.

- Bag Of Words(BOW)는 문서 내에 등장하는 단어의 빈도수를 가지고 수치화하는 표현방식이다. 먼저 문서 내의 문장들을 토큰화하여 유일한 토큰을 정리한다. 이 정리된 토큰을 기반으로 인덱스를 부여하고, 인덱스 기준으로 각 토큰의 빈도수를 수치화하여 관리한다. 빈도수가 높은 토큰들을 참고하여 주제를 파악할 수 있어 문서 요약 등에 활용할 수 있다는 장점이 있다.
- Document Term Matrix(DTM)는 각 문서를 BOW로 표현한 문서들의 합산 행렬 표현 방식이다.

DTM은 문서가 많을 수록 행렬에 사용되는 단어 토큰이 많아지면서 각 토큰의 사용빈도는 낮아져서 희소행렬을 만들어 낸다. 이는 엄청난 리소스의 낭비를 일으키게 된다. 또한 빈도수가 높다고 다 의미 있는 것은 아니기 때문에 사전에 불용어 등을 제거하여 사용하게 된다면 리소스 절약 및 주제 파악 등에 유용할 수 있다.

다음은 BOW 및 DTM 행렬 예시이다.
예제의 문서는 비교를 위해 간단한 형식으로 한 문장씩만 포함하였으며, 또한 토큰화를 공백기준으로만 적용하는 걸로 해서 간소화하였다.

> 문서1 : 내가 좋아하는 과일은 사과
> 문서2 : 시원이가 좋아하는 과일은 바나나
> 문서3 : 나란이가 좋아하는 과일은 사과 바나나
> 문서4 : 우리 가족은 과일은 좋아해요

먼저, 각 문서별로 토큰화하여 BOW를 만들기 위한 고유 토큰 정보를 확인하자.

```
['가족은', '과일은', '나란이가', '내가', '바나나', '사과', '시원이가', '우리', '좋아하는', '좋아해요']
```

문서에 대한 인덱스는 0부터 시작하므로 각 문서의 BOW는 아래와 같이 표시되며, 이 BOW의 합산 행렬이 곧 DTM이다.

	가족은	과일은	나란이가	내가	바나나	사과	시원이가	우리	좋아하는	좋아해요
0	0	1	0	1	0	1	0	0	1	0
1	0	1	0	0	1	0	1	0	1	0
2	0	1	1	0	1	1	0	0	1	0
3	1	1	0	0	0	0	0	1	0	1

[BOW 표기 및 DTM 표기법]

● Term Frequency inverse Document Frequency(TF-IDF)는 DTM에서 각 단어의 중요도를 가중치로 부여하는 기법이다. 기존의 DTM보다 더 많은 정보를 고려하여 비교할 수 있어서, 문서 간의 유사도를 비교하는 데 활용될 뿐만 아니라, 검색 결과의 중요도 결정에도 사용된다.

- TF(d,t) : 문서d에서 단어 t가 등장하는 횟수를 말하며 DTM와 동일한 의미다.
- DF(d,t) : 특정 단어 t가 나오는 문서 개수를 말하며, 문서 내 등장 횟수와는 상관없이 등장여부만 체크한다.
- IDF(d,t) : DF(d,t)의 역수로 문서 n개내에 등장하는 비율을 구하고, 큰 값을 방지하기 위해 log 를 사용한다.

$$idf(d, t) = log(\frac{n}{1 + df(t)})$$

따라서 TF-IDF = TF(d,t) X IDF(d,t) 로서 문서 내 단어 빈도수를 여러 문서에 나오는 빈도수로 나누어 중요도를 완화한 식으로 해석될 수 있다. 즉 여러 문서에 자주 등장하는 단어는 중요도가 감소한다는 의미이다.

위의 예제의 문서 내용을 활용해서 TF-IDF를 계산해보자.

	가족은	과일은	나란이가	내가	바나나	사과	시원이가	우리	좋아하는	좋아해요
0	0	1	0	1	0	1	0	0	1	0
1	0	1	0	0	1	0	1	0	1	0
2	0	1	1	0	1	1	0	0	1	0
3	1	1	0	0	0	0	0	1	0	1

[TF 행렬]

✕

	IDF
가족은	0.693147
과일은	-0.223144
나란이가	0.693147
내가	0.693147
바나나	0.287682
사과	0.287682
시원이가	0.693147
우리	0.693147
좋아하는	0.000000
좋아해요	0.693147

TF와 IDF를 구해서 곱한 행렬이 아래 결과로 나오게 된다.

결과행렬을 보면, '과일은' 은 모든 문서에 나오기 때문에 중요도가 감소되었다.

	가족은	과일은	나란이가	내가	바나나	사과	시원이가	우리	좋아하는	좋아해요
0	0.000000	-0.223144	0.000000	0.693147	0.000000	0.287682	0.000000	0.000000	0.0	0.000000
1	0.000000	-0.223144	0.000000	0.000000	0.287682	0.000000	0.693147	0.000000	0.0	0.000000
2	0.000000	-0.223144	0.693147	0.000000	0.287682	0.287682	0.000000	0.000000	0.0	0.000000
3	0.693147	-0.223144	0.000000	0.000000	0.000000	0.000000	0.000000	0.693147	0.0	0.693147

[TF-IDF 행렬]

여기까지 TF-IDF 행렬이 무엇인지 살펴보았다. 그럼 문서 간의 유사도 여기서는 질문에 대한 유사도는 어떻게 구하는지 알아보자.

문서 유사도는 문장, 문서에서 같거나 비슷한 단어가 공통적으로 얼마나 사용되었는 지로 판별할 수 있다.

코사인 유사도 (Cosine Similarity)는 두 벡터 간의 코사인 각도를 이용하여 구할 수 있는 기법이다. 두 벡터의 방향이 완전히 동일하면 1, 정반대 방향이면 -1, 90도를 이루면 0의 값을 갖게 된다. 그래서 유사도는 1의 값에 가까우면 유사도가 높다고 판단한다. 즉 두 벡터 가 가리키는 방향이 얼마나 유사한지를 판단한다.

$$similarity = \cos(\Theta) = \{A \cdot B\} / \{||A|| * ||B||\}$$

앞에서 나온 문서 예제로 유사도를 구해보자.

문서1 : 내가 좋아하는 과일은 사과
문서2 : 시원이가 좋아하는 과일은 바나나
문서3 : 나란이가 좋아하는 과일은 사과 바나나
문서4 : 우리 가족은 과일은 좋아해요

유사도 계산 결과 값이다.

문서 1과 문서2의 유사도 : 0.5
문서 1과 문서3의 유사도 : 0.6708203932499369
문서 1과 문서4의 유사도 : 0.25
문서 2와 문서3의 유사도 : 0.6708203932499369
문서 2과 문서4의 유사도 : 0.25
문서 3과 문서4의 유사도 : 0.22360679774997896

코사인 유사도 결과에서 문서1과 문서3이, 문서2와 문서3이 가장 유사하다고 나온다. 다음으로 문서1과 문서2가 유사하다고 나온다. 이는 문장의 패턴 형식이 비슷하거나, 문장에서 사용된 단어가 비슷한 경우 값이 높게 나오는 것을 알 수 있다. 챗봇은 이런 결과를 바탕으로 내용 측면에서 유사한 질문들을 다시 찾아내야 한다. 앞에서 K-NN 알고리즘을 사용한다고 했는데, 이 알고리즘에 대해서 좀 더 알아보자.

K-NN 알고리즘은 현 관측치의 분류값을 알기 위해 이웃한 K개의 데이터를 선택하여 데이터의 분류값(라벨)을 확인한다. 이 값들을 참고로 하여 해당 관측치의 분류값을 결정한다. 예로 K를 3으로 한 경우로 이웃한 3개의 데이터를 참고한다고 하자. 이런 경우 이웃한 점들의 분류결과가 2개가 참(True)이고, 1개가 거짓(False)인 경우는 기준 값의 분류결과를 참(True)으로 판단한다. 결과 해석의 편리를 위해서 보통은 K를 홀수 개로 설정한다.

K-NN의 경우, 단순한 유사도 기반 자료 매칭으로 모형이 간단한 반면, 유클리디안 거리 (Euclidean distance) 계산을 사용하므로 데이터가 많아지면 연산시간이 길어지는 단점이 있다.

그럼 코사인 유사도로 걸려진 유사 질문들을 K-NN알고리즘으로 어떻게 다시 분류할 수 있을까?

유사 질문들의 특징들 여기서는 의도, 주제어, 카테고리 등의 고유값을 이용하여 라벨로 사용할 수 있다. 이렇게 유사질문들의 라벨을 활용하여 최근접 질문들을 찾아 낼 수 있게 된다.

지금까지 문장 또는 문서 간의 유사도에 대해서 살펴보았는데 부가적으로 단어 간의 유사도에 대해서도 알아보자. 단어 간의 유사도는 일반적으로 Word2Vec을 사용하는데, 어떻게 유사도를 구할 수 있다는 건지 살펴보자.

컴퓨터 기계는 텍스트를 처리하기 위해서는 숫자로 변환해야 인식이 가능하다. 그래서 단어를 수치화 하는 방식에 따라 텍스트 인식이나 처리 성능에 영향을 미친다.

문장에 사용되는 모든 단어를 추출해서 원-핫 벡터(one-hot vector)를 만들게 되면 전체 차원 벡터 사이즈가 큰 반면에 실제 채워진 값은 단어당 한 곳에만 1로 채워지고 나머지는 다 0으로 채워지기 때문에 단어의 벡터화는 희소 행렬(sparse matrix) 형태를 띄게 된다. 단어수가 많아지면 차원이 커져서 메모리를 많이 소비하게 되며, DTM의 경우 특수 단어가 등장하는 문서를 제외하고는 대부분의 문서에서는 행렬이 0 값으로 채워지기 때문에 공간적 낭비가 심하게 된다.

예로, 차원이 1000개인 경우에 강아지라는 단어를 표현해보자.

- **강아지** = [0 0 0 0 1 0 0 0 0 0 0 0 … 0]

 # 차원 1000개인 경우 0의 개수는 999개, 1의 개수는 1개로 처리된다.

그래서 단어를 밀집 벡터(dense vector)로 표현하는 방법이 필요했다. 이 방법은 단어들을 고정 사이즈의 차원으로 축소해서 표현하는 방식으로 희소행렬과 달리 0, 1 이외의 실수 값이 벡터 값으로 표현된다.

강아지를 밀집벡터로 표현하면 다음과 같이 나타낼 수 있다.

   - 강아지 = [0.2 1.8 1.1 -2.1 1.1 2.8 ...]

 # 차원 128인 경우의 표시 예시이다.

단어를 밀집 벡터(dense vector)로 표현하는 방법을 워드임베딩(word embeding)이라고 하며, 워드임베딩된 벡터를 임베딩벡터(embedding vector)라고 부른다.

원-핫 벡터는 단어 간의 유사도를 계산할 수 없는 단점이 있었는데, 이를 보완하기 위해 대표적인 방법으로 word2vec을 사용하여 단어 간의 유사도를 계산할 수 있다.

예로, 왕- 여왕, 남자- 여자 등의 관계를 파악할 수 있는데, 어떻게 계산이 가능할까?

원-핫 벡터 즉 희소벡터는 단어 간의 유사도는 표현하지 못하지만 단어의 의미를 밀집벡터로 변환하여 다차원공간에 표시하게 되는데, 이런 표현 방식을 분산표현(distributed representation)이라고 한다. 이 표현 방법을 통해서 단어 간의 유사도를 파악할 수 있게 된다. 이는 다차원 공간에 비슷한 위치에 분포하는 단어는 문맥상 의미도 비슷하다는 가정에 기반을 둔 표현 방식이다. 여기서 밀집벡터로 변환하는 방법이 핵심이다. 밀집벡터로 변환하려면 문장에서 단어들에 대한 학습방법이 중요하다.

Word2Vec의 학습방식에는 2가지가 있다. CBOW와 Skip-gram 이 있다. CBOW(Continous Bag of Words)는 주변에 있는 단어들을 입력 받아 중간에 있는 단어를 예측하는 방법이고, Skip-gram은 반대로 중간에 있는 단어를 입력 받아 주변 단어들을 예측하는 방법이다.

이런 방법을 통해 구해지는 가중치 벡터 W를 임베딩 벡터로 사용할 수 있다. 이 임베딩 벡터가 단어 의미 유사도 계산에 사용될 수 있는 밀집벡터에 해당된다. 구체적으로 밀집벡터를 만드는 과정은

중심단어와 주변단어를 원-핫 벡터로 표시하여 가중치 벡터 W를 구하기만 하면 된다.

$$Y = X \cdot W \qquad * W : 가중치\ 벡터$$

자세한 내용은 https://wikidocs.net/22660 의 글을 참조하기 바란다. 해당 글에서 단어 유사도에 대한 내용을 참조하였음을 밝힌다.

이 가중치 벡터는 텍스트분석 진행에 있어서 중요한 역할을 담당하게 된다. 다루고자 하는 주제에 있어서 단어간의 유사 의미를 비교할 수 있다는 것은 텍스트분석 단계에 있어서 상당히 진전했다는 것을 의미한다. 학습할 문서가 많을수록 밀집벡터 계산시간이 오래 걸리게 되는데 이렇게 공을 들여 구한 임베딩벡터는 이후 인공지능망 언어모델에서 재사용하게 된다.

여기까지 챗봇이 작동하는 원리에 대해 알아보았다. 활용은 간단하지만, 내부구조는 여러 알고리즘이 녹아있어서 전체를 이해하기는 쉽지는 않은 것 같다. 인공지능과 관련된 내부구조를 잘 알게 되면 활용하는데 도움이 되기 때문에 깊이 이해할 수 있는 기회가 있었으면 좋겠다. 필자는 단지 기존 규칙기반의 챗봇 솔루션만 활용하였기 때문에 내부구조에 대해 좀 더 깊이 있게 파악하는데 아쉬움이 남아 있다. 기회가 되면 챗봇 고도화 프로젝트에 참여하여 부족한 경험을 메우고 싶다.

05

결측치
이야기

데이터 분석의 출발점에서…

데이터 분석을 시작하면서 누구나 접하게 되는 것은 값이 누락된 결측 데이터이다. 즉 있어야 할 데이터가 없는 경우이다. 이런 결측된 데이터를 접하게 되면 해당 결측은 왜 생긴 것이며, 어떤 값이 들어가야 정상이었을까 등이 궁금해진다. 단순하게 로직 처리가 잘못되어 발생하는 경우도 있고, 의도적으로 발생시키는 경우도 있다. 각 상황 별에 맞게 결측값을 채우고 활용하는 방법에 대해서, 필자가 경험했던 부분들을 중심으로 정리해 보고자 한다.

사람에 따라서는 데이터가 비어 있는 경우, 왜 비어있는를 파헤치고 싶어하는 사람들이 있다. 어떤 과정에서 누락된 것인지? 처음부터 얻을 수 없는 상황이었는지? 등 여러 가지 궁금증으로 출발해서 그 결말을 찾고자 한다. 필자도 그런 유형이나. 그래서 데이터 결측치가 발생하면 어떻게 채워야 하는지 등에 대해서 더 많이 고민하게 되고, 채우는 방법에 대해서 많은 시간을 할애하게 된다.

이 과정에서 고민했던 내용과 해법들을 결측치 이야기에 담았다. 결측치에 대한 해법은 많은데, 실제 내가 가진 데이터에 적당한 지, 적용가능한 알고리즘인지 등의 검토 과정을 거쳐야 한다. 요즘 새롭게 등장하는 알고리즘들이 많다. 신규 알고리즘을 학습해서 꾸준히 실험해 보고 싶다. 데이터를 채우고, 결과가 어떻게 나올지 늘 궁금하다.

여기서는 결측치는 무엇인지, 결측치는 언제 생성되는지, 어떻게 대체해서 사용 가능한지 등에 대해서 알아보려고 한다.

결측치란 무엇인가?

결측치는 Missing Value로서 특정 속성에 대해 데이터가 없는 경우를 말한다. 그래서 데이터분석 전처리 과정으로 기존 속성들을 파악하여 어떤 값으로 채울지, 또는 결측치가 포함된 데이터를 버릴 것인지 고민해야 한다.

먼저 결측치가 발생하는 경우에 대해서 알아보자, 결측치가 발생하는 상황으로는 다음과 같이 정리해볼 수 있을 것이다.

- 입력자가 (의도적으로, 실수로) 데이터를 입력하지 않은 경우
- 시스템에서 입력 기회를 제공하지 않은 경우
- 시스템 처리 오류 알고리즘으로 인해 기존 데이터를 빈 값으로 업데이트 한 경우

위의 경우를 보면 일부는 시스템 보완으로 미리 결측치를 예방할 수도 있을 것이다. 결측치가 발생했다고 그냥 넘어 갈 것이 아니라 시스템적인 이상인지 항상 체크해서 보완하는 기회로 이어져야 할 것이다.

다음은 결측치의 종류에 대해서 알아보자.
결측치를 분류하면 3가지 정도로 정리할 수 있다.

- 완전무작위 결측
- 무작위 결측
- 비무작위 결측

완전무작위 결측은 이름 그대로 임의적 무작위로 결측되어 있는 상태를 말한다. 임의의 결측은 주변 관측된 값들 사이에서 전혀 예측되지 않는 인과관계가 없는 경우에 발생한 결측에 해당한다.

다음으로 무작위 결측은 무작위로 결측은 되어 있으나, 결측이 발생하는 경우에 있어서 주변 값들에 의해서 예측 가능한 경우에 해당한다. 그래서 이런 경우는 결측값을 다른 값으로 대체할 수 있다.

마지막으로 비무작위 결측은 의도적인 결측으로 주변 값들에 대해서 인의적으로 결측을 만들어냈다고 보면 된다. 예로 대통령선거 관련 설문인 경우 의도적으로 본인이 답을 하지 않고 숨기려는 경우도 있다. 이런 경우는 다른 질문들을 추가로 해서 의도를 파악해내도록 해야 한다.

결측치 처리 방법

결측치를 포함한 데이터셋을 가지고 분석을 진행하는 상황에서 해당 결측치를 어떻게 처리할지 알아보자.

첫 번째, 관찰 속성에 결측치가 50% 이상 차지하는 경우는 분석 변수에서 제거한다. 분석 변수의 값이 절반 이상이 데이터가 없다면 해당변수는 의미 있는 결과값을 도출하기 어려우므로 분석 항목에서 제거하는 것이 좋다.

두 번째, 결측치가 포함된 속성의 대표값으로 단순 치환하여 사용한다. 결측치를 제거한 속성의 나머지 데이터의 대표값(평균 or최빈 값)으로 치환하여 결측치를 채워 분석변수로 활용할 수 있다.

 세 번째, Amelia기법 등의 특별한 처리 알고리즘을 적용하여 치환할 수도 있다. 단일 값의 단순 치환으로 속성 데이터 값의 의미가 변질될 수 있는 경우는 다양한 값을 구해서 해당 결측치를 채우도록 한다.

앞에서 언급한 두 번째 방법인 결측치가 포함된 속성의 대표값으로 단순 치환하여 사용하는 방법 대해 예제를 통해서 좀 더 살펴보자.

R프로그램을 이용해서 결측치를 처리한 예제이다.

x 라는 데이터셋에 아래와 같이 NA (= NULL)를 포함하도록 데이터를 등록한다.

```
> x <- c(1, 2, 3, NA, 4)
> mean(x)   #<--x 의 평균을 구해보자.
[1] NA        # <- x에 NA가 포함되어 있어 평균을 구할 수 없다.
```

결측치 제거 후 다시 평균 및 표준편차를 구해보자.

```
> mean(x, na.rm=TRUE)
[1] 2.5
> sd(x, na.rm=TRUE)
[1] 1.290994
```

결측치 값에 해당 평균값으로 치환해서 다시 평균 및 표준편차를 구해보자.

```
#결측치를 평균으로 채운다
> x[4] <- mean(x, na.rm=TRUE)
> x      # NA값을 평균으로 대체한 이후의 값을 살펴본다.
[1] 1.0 2.0 3.0 2.5 4.0
```

```
#평균, 표준편차를 구한다.
> mean(x); sd(x)
[1] 2.5        [1] 1.118034
```

여기서 문제점이 있다. 결측치 값을 평균값으로 치환해서 데이터 셋을 이용하면, 평균에는 영향이 없으나 편차에는 영향을 미친다.

다른 예제로 프렌치 프라이 맛에 대한 관측치 데이터를 가지고 결측치에 대해 좀 더 살펴보자. 해당 데이터셋을 살펴보면, 결측치가 포함되어 있다.

```
> data(french_fries) # 해당 데이터셋은 R 의 기본 데이터셋에서 참고 가능하다.
> dim(french_fries) # 데이터셋의 차원사이즈를 확인한다.
[1] 696  9

# 데이터셋에 대한 요약 정보를 확인한다.
> summary(french_fries)
```

time	treatment	subject	rep	potato	buttery
1 : 72	1 : 232	10 : 60	Min. :1.0	Min. : 0	Min. : 0
2 : 72	2 : 232	15 : 60	1st Qu.:1.0	1st Qu. : 4	1st Qu. : 0
3 : 72	3 : 232	16 : 60	Median:1.5	Median : 7.2	Median : 0.7
4 : 72		19 : 60	Mean :1.5	Mean: 6.953	Mean: 1.824
5 : 72		51 : 60	3rd Qu.:2.0	3rd Qu. : 9.9	3rd Qu.: 2.925
6 : 72		52 : 60	Max : 2.0	Max. : 14.900	Max. : 11.2
(Other):264		(Other):336		NA's : 1	NA's : 4

time	treatment	subject	grassy	rancid	painty
1 : 72	1 : 232	10 : 60	Min. : 0	Min. : 0	Min. : 0
2 : 72	2 : 232	15 : 60	1st Qu. : 0	1st Qu. : 0.4	1st Qu. : 0
3 : 72	3 : 232	16 : 60	Median : 0	Median :2.7	Median:0.6
4 : 72		19 : 60	Mean :0.6642	Mean :3.852	Mean :2.522
5 : 72		51 : 60	3rd Qu. : 0.9	3rd Qu. :6.5	3rd Qu.:4.1
6 : 72		52 : 60	Max. : 11.1	Max. : 14.9	Max. : 13.1
(Other):264		(Other):336	NA's : 1	NA's : 1	NA's : 2

우리가 확인하려는 주요 데이터에 potato -1개, buttery -4개, grassy-1개, rancid-1개, painty-2개의 NA 결측치가 있다.

해당 데이터셋에서 결측치가 있는 행을 찾아보자.
> french_fries[!complete.cases(french_fries),]
complete.cases는 R 프로그램에서, 해당 행의 모든 값이 NA 아니면 True, 해당 행의 1개의 값이라도 NA를 포함하면 FALSE를 반환하는 점을 활용해 NA 행을 찾는 명령어이다.

time	treatment	subject	rep	potato	buttery	grassy	rancid	painty
5	3	15	1	NA	NA	NA	NA	NA
7	2	79	1	7.3	NA	0	0.7	0
8	1	79	1	10.5	NA	0	0.5	0
8	2	16	1	4.5	NA	1.4	6.7	0
8	2	79	2	5.7	0	1.4	2.3	NA

결측치가 들어간 행(row)을 살펴보면, 전체 데이터 5개 행(row) 중에서 1~5개 열에서 'NA' 값을 보이고 있다.
첫 번째 행처럼 주요속성이 모두 'NA' 인 경우는 분석으로 활용할 수 없기에 해당 행을 삭제 처리하는 게 좋을 것이다. 그리고 나머지 4개의 행에서는 주요 속성 중 1개의 속성값만 없는 경우로 이런 경우는 해당 속성의 평균으로 치환해서 데이터를 활용할 수도 있을 것이다.

다음으로 앞에서 언급한 세 번째 방법인 Amelia기법 등의 특별한 처리 알고리즘을 적용하여 치환하는 경우에 대해 예제를 통하여 활용하는 방법을 알아보자.
해당 방법은 이웃 변수들간의 관계를 이용해 단일 값이 아니라 다중 값으로 대체하는 방식이다.
샘플로 사용하는 데이터셋에 대해서 먼저 알아보자.

- 데이터셋 명 : freetrade
- 데이터셋 설명: Milner and Kubota (2005)의 데이터로, 무역정책에 대한 민주주의 효과를 주장하기 위한 근거 데이터다.
- 상세 항목 설명:
  - year: 년도
  - country: 국가
  - tariff : 평균 관세율

- polity : 정치 형태 IV 점수(polity IV score)
- pop : 전체 인구
- gdp.pc : 1인당 국내 총 생산 (gross domestic product per capita)
- intresmi : 총 국제 예비비 (gross international reserves)
- signed : 국가가 그 해에 IMF 조약에 사인했는지 여부
- fivop : 금융 개방 측정 (measure of financial openness)
- usheg : 미국 패권 측정값

해당 데이터 셋에 대해 간단히 요약 데이터부터 살펴보자.

> summary(freetrade)

year	Country	tariff	polity	pop
Min. :1981	Length:171	Min. : 7.1	Min. :-8.0	Min. :1.41e+07
1st Qu.:1985	Class :character	1st Qu.: 16.3	1st Qu.:-2.0	1st Qu.:1.97e+07
Median :1990	Mode :character	Median : 25.2	Median : 5.0	Median :5.28e+07
Mean :1990		Mean : 31.6	Mean : 2.9	Mean :1.50e+08
3rd Qu.:1995		3rd Qu.: 40.8	3rd Qu.: 8.0	3rd Qu.:1.21e+08
Max. :1999		Max. : 100.0	Max. : 9.0	Max. :9.98e+08
		NA's :58	NA's :2	

> summary(freetrade) -계속

gdp.pc	intresmi	signed	fiveop	usheg
Min. : 150	Min. :0.904	Min. :0.000	Min. :12.3	Min. :0.256
1st Qu.: 420	1st Qu.:2.223	1st Qu.:0.000	1st Qu.:12.5	1st Qu.:0.262
Median : 814	Median :3.182	Median :0.000	Median :12.6	Median :0.276
Mean : 1867	Mean :3.375	Mean :0.155	Mean :12.7	Mean :0.276
3rd Qu.: 2463	3rd Qu.:4.406	3rd Qu.:0.000	3rd Qu.:13.2	3rd Qu.:0.289
Max. :12086	Max. :7.935	Max. :1.000	Max. :13.2	Max. :0.308
	NA's :13	NA's :3	NA's :18	

해당 데이터셋은 year가 1981년부터 1999년까지 18년동안의 171개 국가에 대한 무역, 경제 및 정치 관련 데이터를 담고 있다.

여기서 사용하려는 Amelia II 기법은 사용자로 하여금 불완전한 데이터를 채워서 데이터 셋에 있는 정보를 근사적으로 사용할 수 있도록 하며, 편향(biases), 비효율(inefficiencies) 등의 불확실한 추정을 피할 수 있도록 한다.
해당 기법은 다중 전가(multiple imputations) 방식을 사용한다.
단순하게 비결측치들의 평균이 아니라 주위 속성들간의 관계 정보를 활용해서 분산 정도를 낮출 수 있는 최적의 값들로 결측치 값들을 채운다. 다중 전가방식을 사용할 때는 데이

터셋 분류가 정규분포를 따른다는 가정에 기반한다.

만약, 결측치에 대한 조치를 하지 않고 회귀 분석(Regression Analysis)을 적용한 경우를 살펴보자. R 통계 패키지 사용한 예제이다.

```
> summary(lm(tariff ~ polity + pop + gdp.pc + year + country,  data = freetrade))

Call: lm(formula = tariff ~ polity + pop + gdp.pc + year + country,   data = freetrade)
Residuals:
```

Min	1Q		Median	3Q		Max
-30.764	-3.259	0.087	2.598	18.310		

Coefficients:

	Estimate	Std.	Error	t value	Pr(>|t|)	
(Intercept)	1.97e+03		4.02e+02	4.91		3.6e-06
polity	-1.37e-01	1.82e-01		-0.75	0.45	
pop	-2.02e-07	2.54e-08		-7.95		3.2e-12
gdp.pc	6.10e-04	7.44e-04		0.82	0.41	
year	-8.71e-01		2.08e-01	-4.18		6.4e-05
countryIndonesia	-1.82e+02	1.86e+01		-9.82		3.0e-16
countryKorea	-2.20e+02	2.08e+01		-10.61	< 2e-16	
countryMalaysia	-2.25e+02	2.17e+01		-10.34	< 2e-16	
countryNepal	-2.16e+02	2.25e+01		-9.63		7.7e-16
countryPakistan	-1.55e+02	1.98e+01		-7.84		5.6e-12
countryPhilippines	-2.04e+02	2.09e+01		-9.77		3.7e-16
countrySriLanka	-2.09e+02	2.21e+01		-9.46	1.8e-15	
countryThailand	-1.96e+02	2.10e+01		-9.36		3.0e-15

```
Residual standard error: 6.22 on 98 degrees of freedom
  (60 observations deleted due to missingness)
Multiple R-squared: 0.925,     Adjusted R-squared: 0.915
F-statistic: 100 on 12 and 98 DF,  p-value: <2e-16
```

위 결과에서 보면 결측치가 들어가 있는 60개 행(빨간색 행)은 분석에서 제외되었음을 알 수 있다. 전체 696개의 8.6%에 해당하는 데이터가 버려진 경우이다. 많은 데이터가 소실 되었음을 알 수 있다.

그럼 전가(imputations)는 어떤 방식으로 진행하는 것인가?

이웃변수들간의 관계를 이용한다고 했는데, 이웃변수들은 어떤 것을 선택해서 사용해야 하는지 알아보자.

이웃변수들을 선택하는 기준은 전가방식 알고리즘이 예측력을 높일 수 있는 속성 변수들을 포함해야 한다. freetrade 데이터셋에서는 관세(tariff)에 영향을 주는 변수는 전체 속성 변수라고 판단되어 다 포함해서 진행하고, 시계열 및 분석변수는 다음과 같이 설정한다. 또한 5개의 전가 데이터셋이 나오도록 설정했다.

```
> a.out <- amelia(freetrade, m = 5, ts = "year", cs = "country")
```

여기서 3번째 전가 데이터 셋에서 관세변수의 히스토그램을 그려보자.

```
> hist(a.out$imputations[[3]]$tariff, col="grey", border="white")
```

데이터 셋이 정규 분포 형태를 보이고 있음을 알 수 있다.

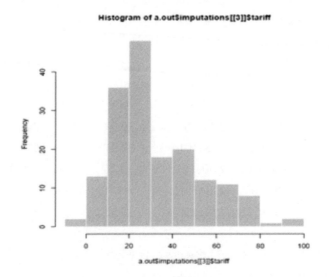

이 전가된 데이터셋을 저장해서 재사용하여 분석을 진행하면 된다.

전가된 변수들의 처리 기법은 변수마다 다를 수 있으니 확인해보기 바란다.

위의 방식으로 전가를 수행하기에는 데이터가 많은 경우는 어려울 수 있다. 대개는 일반적인 비즈니스규칙(BR)에 근거해서 여러 대체값들을 만들어 내어 사용하게 된다. 그렇기 때문에 운영자나 데이터 분석가와 더불어 결측치를 해결할 수 있는 방법이나 규칙을 찾아 장기적으로 해결하는 것이 좋다.

지금까지 결측치를 채우는 방법에 대해 알아보았다. 결측치를 분석 하면서 어떻게 발생했는지 조사하였고, 조치할 때 전체 분포가 어떻게 되어 있는지 파악을 하면서 대체값을 찾아보았다. 이런 분석 과정이 전처리 과정에서는 필수적이고, 이런 과정을 거쳐야 데이터에 대한 이해도가 깊어지며 다음 단계의 분석이 수월해진다. 데이터 분석 작업에서는 필수적으로 거쳐야 하는 단계라고 생각된다.

샘플링
이야기

데이터 분석은 작게 시작하자.

차례

요즈음은 빅데이터(Big Data)시대다. 데이터가 너무 많다는 의미다. 데이터가 많아서 처리하기가 힘들다. 그래서 많은 데이터 대신 샘플링(sampling) 데이터를 가지고 사전 분석을 진행할 수 있다. 이렇게 빠른 접근을 위해 데이터 샘플링을 진행하는데, 어떻게 샘플링 하는 것이 좋은 결과를 만들 수 있는 것인지, 다시 말하면 어떤 샘플링이 전체를 대변할 수 있는 것인지 등을 고민해봐야 한다. 데이터를 다루면서 샘플링에 대한 관심이 점점 많아지고 있다. 샘플링 결과에 대한 분석은 결국 전체 데이터분석 진행을 위한 사전 모의 분석이기 때문에 샘플링의 중요성은 아무리 강조해도 지나치지 않을 것이다. 오늘날은 데이터 보관 비용은 점점 낮아지고 있지만, 처리비용은 여전히 높은 편이다. 그렇기 때문에 샘플링에 의한 분석은 계속될 것이고, 효과적인 샘플링을 위해서 전체 데이터에 대한 충분한 분석이 선행되어야 한다. 데이터를 많이 알수록 샘플링 결과의 특성이 원본 전체 데이터와 유사한 특징을 보이고 있는 지 검증할 수 있고, 추후 분석 시나리오에 해당 샘플 데이터를 사용해서 분석을 해도 문제가 되지 않음을 증명할 수 있어야 한다. 분석 결과에 대한 신뢰도를 보장하기 위해서 그 만큼 전체데이터 분석에 심혈을 기울여야 한다. 왜냐하면 샘플링은 원본 데이터에 대한 신뢰를 바탕으로 하기 때문이다.

기업에서 보유하고 있는 어마어마한 데이터 앞에서 이제 샘플링으로 분석의 이야기를 시작해보자.

샘플링에 대하여

여기서는 다음과 같은 주제를 다뤄보고자 한다.

샘플링한 집단의 기초 데이터분석은 어떻게 하는지? 샘플링 개수는 얼마가 적당한지? 주요 관점에 대한 프로파일링(profiling)한 결과는 기존 데이터 특성을 온전히 지니고 있는지? 등이다.

샘플링은 예제를 통해서 위의 주제를 다루고자 한다.

휴대폰으로 결제하는 앱(Application)을 운영하는 회사가 있다고 하자. 이 회사의 평균 매출액 및 주요 고객 성향을 조사하려고 한다.

첫 번째 샘플링은 고객번호 끝자리가 7인 고객만 추출하여 매출액 조사하려고 한다. 샘플링 결과로 연령대별 구매분석을 한 경우이다.

연령대	건별 구매금액	고객평균 구매금액	총구매금액	고객수	구매건수
10대	21,544	137,675	139,327,471	1,012	6,467
20대	13,922	131,907	6,476,129,367	49,096	465,157
30대	15,903	153,000	7,299,945,570	47,712	459,039
40대	12,734	121,822	4,655,686,414	38,217	365,612
50대	10,926	101,185	2,242,282,563	22,160	205,225
60대	12,800	119,761	857,132,670	7,157	66,966
70대 이상	15,169	156,489	319,237,306	2,040	21,045
합계	13,834	131,365	21,989,721,361	167,394	1,589,511

두 번째 샘플링은 고객번호 끝자리가 9인 고객만 추출하여 매출액을 조사한 것으로서 샘플링 결과로 연령대별 구매분석을 진행한 경우다.

연령대	건별구매금액	고객평균구매금액	총구매금액	고객수	구매건수
10대	**21,981**	142,756	146,896,407	1,029	**6,683**
20대	13,848	132,062	6,428,361,577	48,677	464,210
30대	15,837	152,189	7,211,639,640	47,386	455,362
40대	13,329	124,509	4,740,913,426	38,077	355,672
50대	11,123	102,526	2,251,171,236	21,957	202,391
60대	13,533	118,568	846,221,001	7,137	62,529
70대 이상	15,670	163,154	324,349,493	1,988	20,699
합계	14,002	132,035	21,949,552,780	166,025	1,567,646

위의 두 샘플링 결과를 관찰해보자.

첫 번째 샘플과 두 번째 샘플의 연령대별 분포를 보면 수치 값들이 비슷해 보인다. 둘 다 10대의 단위 [건별 구매금액]이 다른 연령대에 비해서 높게 나오고, [구매건수]는 확연히 적다는 것이 눈에 띈다.

두 번째 샘플 기준으로 전체고객의 [건별 구매금액]이 14,002원이고, 10대는 21,981원으로 다른 연령대에 비해 다소 높음을 알 수 있다.

다른 연령대는 2만원 이상인 경우는 흔하지 않은 값임을 알 수 있다. (단, 이상치가 포함된 경우는 기준 임계값 즉 평균값이 이 달라질 수 있다.)

30대, 20대, 40대, 50대순으로 매출은 높게 나오며. 이는 고객수가 많기 때문에 이런 분포를 보인다. 그러나 고객별 평균 구매금액은 큰 차이가 없다.

동일한 샘플로 연령대별 최대 구매금액을 구해보자.

연령대	건별 구매액	고객평균 구매액	고객수	구매건수	최대구매액	최소구매액
10대	21,981	142,756	1,029	6,683	200,000	1
20대	13,848	132,062	48,677	464,210	249,000	1
30대	15,837	152,189	47,386	455,362	250,000	10
40대	13,329	124,509	38,077	355,672	**21,326,080**	1
50대	11,123	102,526	21,957	202,391	249,000	?
60대	13,533	118,568	7,137	62,529	249,000	2
70대 이상	15,670	163,154	1,988	20,699	220,000	22
합계	14,002	132,035	166,025	1,567,646	21,326,080	1

위의 결과에서는 다음과 같은 사실을 관찰할 수 있다.

40대의 [최대구매액]이 다른 연령대의 [최대구매액]에 비해 굉장히 큰 값이 보여진다.

보통 이런 경우는 이상치로 분류될 수 있는데, 이상치도 여러 유형(나중에 추가 설명함)이 있기에 어떤 것인지 살펴보자.

데이터 샘플에 이상치가 포함된 경우는 분석하고자 하는 방향에 영향을 줄 수 있기 때문에 (데이터 패턴을 잘못 계산해서 엉뚱한 방향으로 이끌 수 있음) 위의 값이 이상치인지 아닌지 명확하게 확인하고 갈 필요가 있다.

40대에서 최대구매금액이 지나치게 높게 나타나는 원인을 파악하기 위해 세부 연령으로 다시 살펴보자.

연령	건별 구매액	고객평균 구매액	고객수	구매건수	최대 구매액	최소 구매액
041세	14,691	132,556	4,513	40,720	240,570	9
042세	13,251	120,937	3,992	36,434	220,000	10
043세	13,446	122,923	3,755	34,329	220,000	4
044세	13,963	142,885	3,669	37,545	220,000	20
045세	12,279	116,828	3,505	33,347	249,000	20
046세	12,188	114,710	3,517	33,100	220,000	11
047세	12,545	115,609	3,657	33,702	220,000	15
048세	15,276	139,222	3,491	31,816	**21,326,080**	10
049세	11,136	105,513	3,314	31,401	250,000	1

48세 고객이 이상패턴을 보이고 있다. 해당 고객은 어떤 고객인지 다른 속성을 추가해보면서 확인해보자.

고객ID	성별	고객등급	건별 구매금액	고객수	구매건수	최대구매금액
1024-1	**·값없음**	·값없음	20,970,568	1	5	**21,326,080**
1024-2	여자	Silver	20,005	1	21	249,000
1024-3	여자	VIP	35,401	1	84	229,000
1024-4	남자	VIP	99,000	1	32	20,000

성별 속성값이 없는 것으로 보아 기업고객으로 보인다. 기업(업체)은 거래가 거의 일어나지 않는 반면 분석 결과값에 영향을 크게 미치기 때문에 처음부터 분석 대상에서 제외하는 것으로 하겠다.

최종적으로 위에서 나온 이상치를 제거한 샘플링으로 분포를 다시 살펴보자. 최대구매액이 드디어 비슷하게 나온다.

연령대	건별 구매액	고객평균 구매액	고객수	구매건수	최대구매액	최소구매액
10대	21,981	142,756	1,029	6,683	**200,000**	1
20대	13,848	132,062	48,677	464,210	**249,000**	1
30대	15,837	152,196	47,384	455,356	**250,000**	10
40대	13,035	121,769	38,071	355,650	**250,000**	1
50대	11,123	102,552	21,945	202,325	**249,000**	2
60대	13,533	118,568	7,137	62,529	**249,000**	2
70대 이상	15,689	163,307	1,986	20,672	**220,000**	22
합계	13,936	131,408	166,229	1,567,425	**247,500**	1

마지막으로 샘플링 주의사항에 대해 알아보자.

전체 데이터에서 샘플링 할 때 1회 기준으로만 하면 나머지 데이터 군에만 있을 수 있는 데이터 특이점을 발견할 수 없게 된다. 되도록이면 다양한 샘플링을 적용해 전체 데이터 분포 및 특이점을 점검하도록 해야 한다.

예시) 학생들 키의 끝자리수가 0 ~ 9까지 10번을 수행하면 전체 분포도를 관찰할 수 있다 (mode 10 = 0~9).

샘플링 방법(sampling method)

샘플링 방법에 대해서 알아보자. 샘플링이라는 것은 전체 모집단에서 표본을 추출하는 것을 말한다. 기본적으로 4가지 방법이 있다.

1) 단순 랜덤 추출(simple random sampling)

- 모집단에서 무작위적으로 추출하는 방식을 말한다. 어떤 룰도 적용되지 않는다.

2) 층화 랜덤 추출(stratified random sampling)

- 모집단의 성격을 알고 있어서 모집단을 몇 개의 그룹으로 나눈 후 그룹별로 무작위적으로 추출하는 방식을 말한다. 모집단의 그룹별 비율이 다른 경우는 해당 방법을 사용하면 균형된 표본의 역할을 할 수 있다.

예로, 남녀공학이 하생들을 대상으로 설문조사 일 때, 남녀 비율이 상당히 다른 경우는 남녀 재학생의 비율을 고려해서 남녀 표본 수를 정하는 것이 필요하다.

3) 계통 추출 (systematic sampling)

- 모집단의 데이터에 임의로 번호를 매긴 다음, 일정 간격으로 데이터를 추출하는 방법을 말한다.

- 주로 모집단이 시계열 데이터인 경우 시계열 구간의 대표값을 추출할 때 활용한다.

4) 군집 추출 (Cluster sampling)

- 모집단을 여러 개의 군집(cluster)으로 나눌 수 있는 경우 대표 군집을 하나 선택해서 사용하는 방법을 말한다.

- 앞의 예제처럼 고객번호가 숫자로 이루어진 경우 끝자리가 7인 고객만 추출하여 사용하는 경우에 해당된다.

앞에서 말한 4가지 샘플링 방식은 확률적 샘플링 방식으로 무작위로 샘플링 하는 방식이다. 그리고 비확률적 샘플링 방식도 존재하는데, 이는 샘플링 하는 데 있어서 사람의 주관이 개입된 샘플링 방식이다.

1) 편의 추출(convenient sampling)

- 데이터를 수집하기 좋은 시점이나 위치를 선정하여 샘플링 하는 방법이다.

이렇게 추출된 데이터는 전체 모집단을 대표하기에는 부적절한 점이 있어서 일반화하
는 것이 어렵다.

예로, 수집자 지인들을 대상으로 설문 조사를 하여 결과를 활용한다.

2) 판단 추출(purpose sampling)

- 표본을 목적에 맞도록 의도적으로 선택해서 추출하는 방법이다. 주관적 목적으로 샘
플링 하므로 모집단의 대표성을 나타낼 수는 없다.

예로, 학교 왕따를 근절하기 위한 방법 수립으로 설문조사를 하는 경우 의도적으로 왕
따 경험이 있는 사람들 중심으로 조사를 하는 경우에 해당한다.

3) 할당 추출 (Quota sampling)

- 모집단을 세그먼트로 나눠서 쿼터를 할당하여 추출하는 방법으로서 층화 추출
(stratified sampling)과 비슷하지만, 세그먼트별로 비율을 적용하는 것이 아니라 사
람의 주관에 따라 쿼터를 할당하는 방식이 다르다.

사람의 쿼터 할당에 주관이 개입되므로 모집단을 대표하기에는 부적절해 보인다.

데이터 분석을 진행할 때는 대표성을 가지고 진행해야 결과에도 설득력을 가질 수 있다.

지금까지 샘플링 방식에 대해서 알아보았고, 샘플링을 할 때는 모집단을 대표할 수 있도
록 확률적 샘플링 방식을 사용하는 것이 바람직하다. 주로 머신러닝 같은 분석작업에서는
이 방법을 사용한다. 물론 비확률적 샘플링이 필요한 경우도 있다. 데이터 확보가 어렵거
나 특수한 목적으로 데이터를 조사해야 하는 경우는 그렇게 사용해야 하는 이유를 충분히
명시한 다음 진행하면 될 것이다.

샘플링 개수

다음으로 샘플링을 할 때 표본의 개수는 어느 정도로 하는 것이 적당한가에 대해서 고민
해보자.

표본을 사용하는 경우는 모집단이 너무 커서 분석진행이 어려운 경우이다. 그래서 그 일
부만 사용하더라도 전체를 대표해서 유용한 결과가 나오기를 바란다. 즉 적은 비용으로
동일한 효과를 기대한다.

앞에서 군집 추출인 경우 전체 모집단의 비율을 1/10 만 사용하더라도 표본이 너무 많
은 경우는 모집단의 군집을 더 작게 가져가야 한다. 즉 1/20 이나 1/100 등으로 일정하
게 줄여도 모집단의 특징을 잃지 않도록 하면 된다. 이렇게 하는 이유는 표본을 가지고 분
석을 진행할 때 분석시스템이 감당하기에 무리가 없는 표본크기가 되어야 한다는 것이다.
다시 말하면 샘플링 개수는 분석시스템 성능에 의해 영향을 받기 때문에 최소는 있어도

최대는 없는 것이다. 분석시스템이 허용하는 기준치가 최대 샘플링 개수인 것이다.

일반적으로 머신러닝(machine learning)처럼 대규모 데이터를 처리하는 경우는 최소 샘플링이라는 규제를 부여하는 것이 아니라 최대 샘플링 한계를 정하는 것이 알맞을 것이다.

샘플링 기초 분석

샘플링한 표본으로 진행할 수 있는 기초 분석 방법에 대해서 알아보자. 앞에 나온 예시처럼 표본의 최대값, 최소값, 평균값 등을 파악해서 이상치가 없는지 등을 파악해본다. 이상치가 있는 경우는 제거하고 다시 구해서 다른 표본이랑 비슷한지 확인하는 과정을 되풀이해야 한다. 또한 표본의 평균과 분산 등을 계산해서 데이터 분포를 확인하면서 전체적인 모집단의 분포를 같이 살펴보는 것도 좋은 방법이다.

샘플링 주의사항

다음은 표본의 편향성에 대해서 잠깐 살펴보자.

전체 데이터에서 샘플링 할 때 1회 기준으로만 하면 나머지 데이터군(세그먼트)에만 있을 수 있는 데이터 특이점을 발견할 수 없다. 되도록이면 다양한 샘플링을 적용해 전체 데이터 분포 및 특이점을 점검하도록 해야 한다.

예로, 학생번호의 끝자리수가 0·9까지 10번을 샘플링 수행하면 전체 분포도를 관찰할 수 있다(**학생번호 *mod 10 = 0~9** ;학생번호가 숫자인 경우이고, 학생번호는 순차적으로 채번되어 있다는 전제에서 사용).

*mod : 나누기 한 결과의 나머지를 돌려주는 함수.

위의 예시처럼 전체 모집단에 대한 분포도를 확인하여 샘플링에 대한 편향이 없는지 확인하는 과정이 필요하다. 즉 충분한 샘플링 과정을 거쳐서 분석 결과에 편향이 없다는 가정 하에 결과 해석을 하는 것이 바람직하다.

다음으로 표본의 주요 피처(features)에 대한 프로파일링(profiling) 결과로 기존 데이터 특성을 온전히 지니고 있는지 알아보자.

샘플링한 후의 피처(features) 속성들에 대해서 살펴보면, 해당 피처들은 전체 속성 데이터 값을 다 가진 경우도 있고 그렇지 않은 경우도 있을 수 있다. 핵심 피처(features)에 대해 일부 데이터만 가지는 경우는 전체를 대변하지 못하기 때문에 분석모델을 만든 경우 다른 샘플로 확인 검증하는 작업을 거치면 오류가 발생할 것이다. 왜냐면 분석모델을 만들 당시 없는 데이터에 대해서는 모델반영이 안되었기 때문에 결과를 제공할 수 없다. 이런 류의 데이터는 얼마든지 발생할 수 있다. 신규 데이터가 생성되거나 희소성의 데이터가 그런 경우에 해당한다.

그래서 샘플링 결과에서 중요 피처(features) 속성에 대해서는 프로파일링(profiling)을 하여 전체 프로파일링 결과와 비교해볼 필요가 있다.

머신러닝 분석작업에서는 데이터를 샘플링 할 때 단순랜덤추출(simple random sampling) 방식을 사용하여 전체데이터를 훈련용 데이터셋과 테스트용 데이터셋으로 나눈다. 주로 데이터 사이즈 기준으로 비율제를 적용하는데 일반적으로 훈련과 테스트 비율을 7:3이나 8:2 정도로 한다. 전체 데이터가 적은 경우는 훈련모델을 견고하게 만들기 위해 9:1 비율까지 데이터를 할당하곤 한다. 훈련 데이터셋에 전체 프로파일링 데이터가 없는 경우는 분석모델을 만들어 테스트용 데이터셋으로 적용하는 경우 오류가 발생한다. 이런 경우 조치를 해야 하는데, 조치 방법으로 여러 가지가 있을 수 있다.

첫 번째, 피처속성이 숫자인 경우는 개별 값을 그룹핑하여 새로운 피처를 만들어 사용한다. 숫자 구간화 방법 등이 해당된다

두 번째, 피처 속성이 문자열인 경우는 희소 데이터 부분을 기타로 처리하거나, 데이터 전처리하여 속성을 기존 값으로 통합하여 치환한다. 이렇게 해서 주요 피처에 대한 고유값이 유지되도록 샘플링 결과를 확인 및 처리해야 한다.

정리하자면, 샘플링 데이터를 어떤 용도로 사용할 지 명확히 한 다음 후속으로 처리해야 할 부분도 같이 꼼꼼히 챙겨야 하는 것이다.

샘플링 데이터에서 개별 값을 그룹핑하여 새로운 피처를 만들어 사용한 경우의 예시를 한번 보자.

가령, 연령코드가 피처로 사용되는 경우에 훈련 데이터셋에는 100세 미만 데이터만 있고, 테스트 데이터셋에는 100세 초과한 연령이 있다고 하자. 이런 경우 훈련 데이터셋 내에 있는 개별 연령을 가지고 모델을 만든 경우 100세 초과한 연령이 들어오면 처리에 오류가 발생하거나, 100세 초과한 연령에 대해서 지나친 편차나 분산을 만들어내게 되어 전체적인 모델 성능이 떨어지게 된다.

이런 경우 연령대신 연령에 대한 그룹핑을 만들어 사용하면 훈련에 없던 연령이 나타나도 분석 데이터는 연령대를 사용하므로 영향을 안 받게 된다.

두 번째 방법으로, 피처 속성이 문자열인 경우는 희소 데이터 부분을 기타로 처리하거나, 데이터 전처리하여 속성을 기존 값으로 치환하는 예시를 한번 보자.

VOC 발생하는 데이터 중 90%에 해당하는 VOC업무유형을 분류하고, 이 분류에 속하지 않는 VOC업무유형은 '기타'로 사전 처리해서 분석을 진행하면 이후 특이한 VOC업무유형 처리에 덜 민감하게 된다. 이렇게 생성된 분석 모델은 주기적으로 VOC업무유형을 확

인하여 '기타' 처리로 분류하는 대상을 현행화 할 필요가 있다. 데이터에 대한 변화가 발생하면 모델도 같이 그 변화가 반영될 수 있도록 주기적 모델링을 하여 관리되도록 해야 한다.

Undersampling vs. Oversampling 방식

다음으로 데이터가 불균형인 경우 사용하는 샘플링 방법으로 Undersampling과 Oversampling 방법에 대해서 알아보자.

분석하려는 결과 목표값이 데이터 불균형 형태를 띄고 있는 경우 단순 샘플링 방식이 아니라 데이터 분포에 맞게 특별한 샘플링이 필요하다. 예로 카드사의 사기 적발(Fraud Detection) 경우의 데이터를 보면 전체 데이터 중에 1% 미만에 해당하는 데이터가 이런 사기성 데이터에 해당한다. 이런 데이터를 가지고 분석을 진행하여 해당 거래가 사기인지 아닌지 판별한다면 다수의 정상 데이터로 인해 분류 정확도가 굉장히 높게 나올 것이다. 사실 이 분류모델 생성에 있어서는 다수의 정상 데이터에 대한 정확도가 아니라 소수 1% 의 사기 데이터에 대한 분류 정확도를 기대하는 것이다.

해당 주제에 대해서는 다음 블로그(https://www.kaggle.com/residentmario/undersampling-and-oversampling-imbalanced-data)에 잘 정리되어 있어 해당 글을 요약해 전달하려고 한다.

머신 러닝 문제에서 예측하려는 데이터가 다른 분류의 비율과 비교해서 상당한 차이가 있는 경우가 있을 것이다. 예로, 암을 진단할 때 우리는 많은 가짜 결과와 상대적으로 더 적은 수의 진짜 결과를 가진 데이터셋을 발견할 수 있다. 그런 데이터로 모델을 훈련하는 경우 일반적인 모델 성능은 희소한 값들을 예측하는 능력에 집중될 것이다. 이런 문제에서 희소 값들을 흔한 다수의 값들과 똑같이 다루게 된다면 모델 성능이 문제가 될 것이므로, 데이터 의 희소성을 처리하는 경우는 모델을 생성하는 단계에서 중요한 요인으로 부각된다. 그래서 희소한 데이터 값들을 다루는 것은 모델 생성의 첫 번째 관심거리가 되어야 한다.

불균등한 데이터셋을 다루기 위한 실질적인 몇몇 기법들이 존재한다. 가장 손쉬운 기술은 샘플링을 적용하는 방식이다. 흔한 다수의 데이터를 언더샘플링 함으로서 모델에 노출된 데이터를 변경하거나, 희박한 데이터를 오버샘플링 하거나 또는 둘 다 적용하는 방법이다.

언더샘플링이나 오버샘플링을 예제와 함께 왜 사용하는지 살펴보겠다. 다음 시각화는 데이터셋에서 분류당 데이터 값들의 상대적인 개수의 변화에 따라 서포트벡터머신(SVM) 알고리즘에 의해 수행된 분류결과의 차이를 분명히 보여주고 있다. 파이썬(Python) 으로 구현된 예시다.

```python
import matplotlib.pyplot as plt
from sklearn.svm import LinearSVC
import numpy as np
from collections import Counter
from sklearn.datasets import make_classification

def create_dataset(n_samples=1000, weights=(0.01, 0.01, 0.98), n_classes=3, class_sep=0.8,
n_clusters=1):
    return make_classification(n_samples=n_samples,
                n_features=2, n_informative=2, n_redundant=0,
                n_repeated=0, n_classes=n_classes,
                n_clusters_per_class=n_clusters,
                weights=list(weights), class_sep=class_sep,
                random_state=0)

def plot_decision_function(X, y, clf, ax):
    plot_step = 0.02
    x_min, x_max = X[:, 0].min() - 1, X[:, 0].max() + 1
    y_min, y_max = X[:, 1].min() - 1, X[:, 1].max() + 1
    xx, yy = np.meshgrid(np.arange(x_min, x_max, plot_step),
                np.arange(y_min, y_max, plot_step))

    Z = clf.predict(np.c_[xx.ravel(), yy.ravel()])
    Z = Z.reshape(xx.shape)
    ax.contourf(xx, yy, Z, alpha=0.4)
    ax.scatter(X[:, 0], X[:, 1], alpha=0.8, c=y, edgecolor='k')

fig, ((ax1, ax2), (ax3, ax4)) = plt.subplots(2, 2, figsize=(15, 12))


ax_arr = (ax1, ax2, ax3, ax4)
weights_arr = ((0.01, 0.01, 0.98), (0.01, 0.05, 0.94),
        (0.2, 0.1, 0.7), (0.33, 0.33, 0.33))
for ax, weights in zip(ax_arr, weights_arr):
    X, y = create_dataset(n_samples=1000, weights=weights)
    clf = LinearSVC().fit(X, y)
    plot_decision_function(X, y, clf, ax)
    ax.set_title('Linear SVC with y={}'.format(Counter(y)))
```

데이터의 종류가 3가지인 경우의 SVM에 의해 분류된 결과 화면이다.

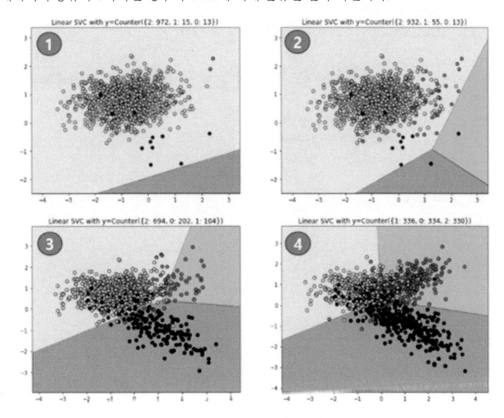

분류 결과를 보면, 데이터셋 내의 분류당 관찰치 개수 차이가 많이 나는 경우는 소수의 점들은 무시하고, 다수의 분류에 있는 대부분의 점들을 단순 분류하는 모델(위 그리드의 첫 행에 있는 ①② 그림)을 생성하는 것이 보인다. 그러나 분류당 관찰치 개수를 비슷하게 또는 같은 양으로 할당하면, 분류기는 최소한의 편차로 잘 분류해주는 모델(그림 ③④)을 생성하는 것을 볼 수 있다.

분류 문제에서는 이런 경우에 대비해서 데이터모델링을 하기 전에 적당한 분류의 데이터셋을 가지고 있는 지 확인하고, 분류의 비율이 지나치게 비대칭적이면 Oversampling 또는 Undersampling 방법을 적용하여 모델링을 진행하는 것이 중요한 부분이 된다.

sklearn 라이브러리의 서브 모듈인 imbalance-learn 정보를 활용해서 오버샘플링과 언더샘플링을 수행해보자.

```
import seaborn as sns
from sklearn.datasets import make_classification


X, y = make_classification(n_samples=5000, n_features=2, n_informative=2, n_redundant=0,
n_repeated=0, n_classes=3,
                n_clusters_per_class=1,
                weights=[0.01, 0.05, 0.94],
                class_sep=0.8, random_state=0)


import matplotlib.pyplot as plt
colors = ['#ef8a62' if v == 0 else '#f7f7f7' if v == 1 else '#67a9cf' for v in y]
kwarg_params = {'linewidth': 1, 'edgecolor': 'black'}
fig = plt.Figure(figsize=(12,6))
plt.scatter(X[:, 0], X[:, 1], c=colors, **kwarg_params)
sns.despine()
```

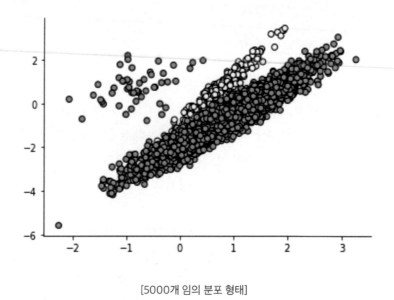

[5000개 임의 분포 형태]

예제의 데이터셋은 랜덤하게 5000개 점들을 생성하도록 되어 있다.

파란색 점들은 전체의 0.94%에 해당하므로 5000*0.94 =4700개(실제 4674개)의 점들로 생성되었고, 흰색 점들은 5%를 차지하므로5000*0.05 = 250 개(실제 262개), 주황색 점들은 1%를 차지하기 때문에 5000*0.01 =50개(실제 64개) 점들로 생성되었다.

이 데이터셋을 가지고 오버 샘플링을 적용해보자.

```
from imblearn.over_sampling import RandomOverSampler
from imblearn.under_sampling import RandomUnderSampler

ros = RandomOverSampler(random_state=0)
ros.fit(X, y)
X_resampled, y_resampled = ros.fit_resample(X, y)
colors = ['#ef8a62' if v == 0 else '#f7f7f7' if v == 1 else '#67a9cf' for v in y_resampled]
plt.scatter(X_resampled[:, 0], X_resampled[:, 1], c=colors, linewidth=0.5, edgecolor='black')
sns.despine()
plt.title("RandomOverSampler Output ($n_{class}=4700)$")
pass
```

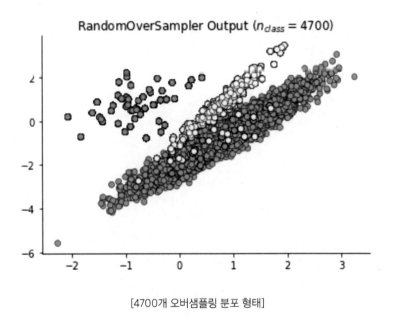

[4700개 오버샘플링 분포 형태]

오버샘플링 된 결과를 보면, 초기 데이터셋 5000개 중에 다수를 차지하는 파란색 4674개를 기준으로 다른 분류의 점들을 오버샘플링(oversampling)했다. 즉, 파란색: 4674개, 흰색: 262 -> 4674개, 주황색: 64 -> 4674개로 해서 전체 4674 * 3 = 14022개의 점들을 생성했다.

다음은 언더샘플링(undersampling)을 적용해보자.

```
rus = RandomUnderSampler(random_state=0)
rus.fit(X, y)
X_resampled, y_resampled = rus.fit_resample(X, y)
colors = ['#ef8a62' if v == 0 else '#f7f7f7' if v == 1 else '#67a9cf' for v in y_resampled]
plt.scatter(X_resampled[:, 0], X_resampled[:, 1], c=colors, linewidth=0.5, edgecolor='black')
sns.despine()
plt.title("RandomUnderSampler Output ($n_{class}=64$)")
pass
```

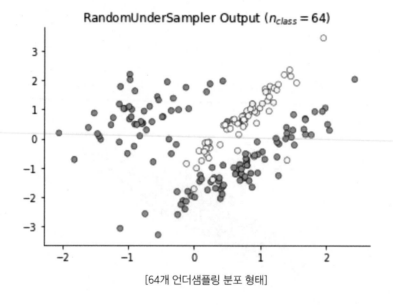

[64개 언더샘플링 분포 형태]

언더샘플링 된 결과를 보면, 초기 데이터셋 5000개 중에 소수를 차지하는 주황색 64개를 기준으로 다른 분류의 점들을 언더샘플링(Undersampling)했다. 즉, 파란색: 4674 -> 64 개, 흰색: 262 -> 64개, 주황색: 64개로 해서 전체 64*3 = 192개의 점들을 생성했다.

여기서 bias-variance tradeoff를 생각해볼 수 있는데, 데이터를 샘플링 하면서 기대할 수 있는 것은 분산을 증가하면서 과적합(overfit) 시키는 것보다는 편차를 줄임으로써 최소적 합 (underfit)하는 것이 오히려 좋을 수도 있다. 지나치게 데이터가 적은 경우는 모델을 신 뢰할 수 없으므로, 적정한 수의 데이터를 포함하고 있는지는 확인이 되어야 한다. 훈련된 관측치의 개수에 따라 모델의 성능이 안정화될 때, 정확도(accuracy)를 낮추지 않고도 데이터 분포의 특성을 만족시킬 수 있다면, 샘플에 포함할 관측치의 개수를 알맞게 선정해서 사용하면 된다. 물론 초기 어느 정도 시행착오를 거쳐야 할 것으로 보인다.

다음은 캐글(kaggle.com) 사이트에 있는 creditcard라는 데이터셋을 가지고 응용을 해보자. 데이터는 https://www.kaggle.com/mlg-ulb/creditcardfraud에서 다운로드 받을 수 있다.
간단한 시각화를 위해 초반에 첫 두 개의 예측 칼럼 V1, V2을 다뤄보자.

```python
import pandas as pd
df = pd.read_csv("../creditcard.csv")
df.head()
```

	Time	V1	V2	V3	V4	V5	V6
0	0.0	-1.359807	-0.072781	2.536347	1.378155	-0.338321	0.462388
1	0.0	1.191857	0.266151	0.166480	0.448154	0.060018	-0.082361
2	1.0	-1.358354	-1.340163	1.773209	0.379780	-0.503198	1.800499
3	1.0	-0.966272	-0.185226	1.792993	-0.863291	-0.010309	1.247203
4	2.0	-1.158233	0.877737	1.548718	0.403034	-0.407193	0.095921

```python
df['Class'].value_counts()
```

```
0     284315
1        492
Name: Class, dtype: int64
```

신용카드사에서는 부정 카드 거래에 해당하는 데이터는 흔하지 않다. 그래서 이런 데이터셋으로 좋은 모델을 훈련시키려면 데이터 불균형에 대해서 먼저 고민해봐야 한다.
아래 시각화에서 보듯이 서포트벡터머신(SVM) 알고리즘은 해당 데이터에서 의미 있는 축(평면)을 발견하지 못했다. 즉, 노란색 소수점들을 분류하지 못했고, 또한 분류한 평면에 너무 많은 다수인 점들이 포함되어 있다.

```
X = df[df.columns[:-1]].values
y = df['Class'].values
ax = plt.gca()
plot_decision_function(X[:, :2][:1000], y[:1000], LinearSVC().fit(X[:, :2][:5000], y[:5000]), ax)
```

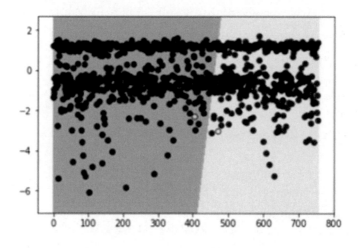

[초기 데이터로 SVM 적용한 분류 평면]

노란색 점이 각각의 경계 평면에 속해 있기 때문에 해당 축평면은 제대로 분류하지 못했음을 알 수 있다. 또한 분류 평면에 정상적인 데이터가 너무 많이 포함되어 있는 상태다. 이 데이터를 가지고 다시 샘플링한다면 좀더 의미 있는 패턴이 나타날 수도 있을 것이다.

```
rus = RandomUnderSampler(random_state=0)
X_resampled, y_resampled = rus.fit_sample(X, y)
colors = ['white' if v == 0 else 'black' if v == 1 else '#67a9cf' for v in y_resampled]
plt.scatter(X_resampled[:, 0], X_resampled[:, 1], c=colors, linewidth=0.5, edgecolor='black')
sns.despine()
plt.title("RandomUnderSampler Output")
pass
```

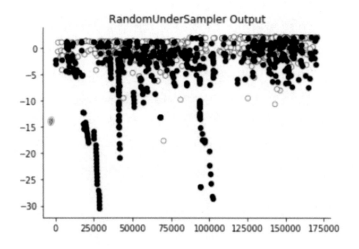

[전체 데이터를 가지고 언더샘플링한 데이터 분포]

해당 언더샘플링으로 각 분류가 비슷하게 도출되어 보인다. 전체 데이터서 1의 값이 492개를 가지고 있으므로 0의 값도 492개로 샘플링 되었다.

언더샘플링된 데이터로 SVM을 훈련해보면, 이번엔 제대로 된 분류 평면을 만들어 주고 있다.

```
ax = plt.gca()
plot_decision_function(X[:, :2][:1000], y[:1000], LinearSVC().fit(X_resampled[:, :2], y_resampled), ax)
```

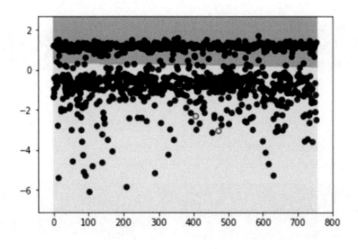

[언더샘플로 훈련한 SVM 적용한 분류 평면]

만약 어떤 거래가 사기인지 알려주는 "조기 경보"시스템을 설계하고 있다고 하자. 시장 조사와 비용 분석 후에, 분석가가 거짓 탐지와 실제 탐지의 비율이 50:1 즉 2%의 탐지비율도 "가치 있다"고 결정한다면, 이를 근거로 하여 일반적인 분류 모델의 비용을 계산할 수 있다. 아래 계산식에서 y=1인 경우는 50배의 가중치를 부여하도록 반영하였다. 현실적인 비용 측면에서는 많은 적정한 레코드를 잘못 분류한다 할지라도 사후샘플링 모델의 비용이 사전처리 모델의 비용과 비슷한 결과가 나오게 된다. 비슷한 비용이라면 실제 탐지를 잘 할 수 있는 재현율(recall)이 높은 모델을 사용하는 것이 좋다.

```python
def costed_error(y, y_hat):
    sum_error = 0
    for _y, _y_hat in zip(y, y_hat):
        if _y != _y_hat:
            n = 1 if _y == 0 else 50
            sum_error += n
    return sum_error

clf_pre = LinearSVC().fit(X[:1000], y[:1000])
clf_post = LinearSVC().fit(X_resampled, y_resampled)

costed_error(y, clf_pre.predict(X))
```

```
20643
```

[사전처리모델링 오분류 비용]

```python
costed_error(y, clf_post.predict(X))
```

```
25359
```

[사후샘플링 모델링 오분류 비용]

여기서 재현율(recall)이란 실제 참인 값들에 대해서 모델에서 참으로 예측한 값들의 비율을 말한다. 그리고 정밀도(precision)도 같이 보면 이는 모델에서 참으로 예측한 값들 중에서 실제 참인 값의 비율을 말한다.

구분	예측값 False	예측값 True
실제값 False	**T**rue Negative	**F**alse Positive
실제값 True	**F**alse Negative	**T**rue Positive

위의 표를 가지고 간단히 수식으로 표현하면, 다음과 같다.

- 재현율(recall) : TP / (FN +TP)
- 정밀도(precision) : TP / (FP +TP)
- 정확도(accuracy) : (TN + TP) /(TN + FP +FN +TP)

일반적으로 이진 분류인 경우는 정확도와 더불어 정밀도와 재현율을 같이 보는데, 여기서도 같이 살펴보자.

```python
from sklearn.metrics import accuracy_score
from sklearn.metrics import precision_score
from sklearn.metrics import recall_score
from sklearn.metrics import confusion_matrix

def get_clf_eval(y_test, pred):
    confusion = confusion_matrix(y_test, pred)
    accuracy = accuracy_score(y_test, pred)
    precision = precision_score(y_test, pred)
    recall = recall_score(y_test, pred)
    roc_auc = roc_auc_score(y_test, pred)
    f1 = f1_score(y_test, pred)
    print('오차 행렬')
    print(confusion)
    print('정확도: {0:.4f}, 정밀도: {1:.4f}, 재현율: {2:.4f}'.format(accuracy, precision, recall))

get_clf_eval(y, clf_pre.predict(X))
```

```
오차 행렬
[[283522  793]
 [  397   95]]
정확도: 0.9958, 정밀도: 0.1070, 재현율: 0.1931
```

초기 모델에 의한 분류결과는 정확도에 비해서 정밀도와 재현율이 많이 낮은 것을 알 수 있다.

```
get_clf_eval(y, clf_post.predict(X))
```

```
오차 행렬
[[270856 13459]
 [  238   254]]
정확도: 0.9519, 정밀도: 0.0185, 재현율: 0.5163
```

샘플링한 결과로 수행한 모델에 의한 분류 결과는 재현율이 많이 높아진 것을 알 수 있다. 그러나 여전히 정밀도가 많이 낮은 값이다.

해당 데이터셋으로 오버샘플링을 적용해볼 수 있다.

```
ros = RandomOverSampler(random_state=0)
ros.fit(X, y)
X_resampled, y_resampled = ros.fit_resample(X, y)

clf_post2 = LinearSVC().fit(X_resampled, y_resampled)

get_clf_eval(y, clf_post2.predict(X))
```

```
오차 행렬
[[274429  9886]
 [   79   413]]
정확도: 0.9650, 정밀도: 0.0401, 재현율: 0.8394
```

일반적으로 오버 샘플링이 예측 성능이 좋게 나오지만, 데이터가 많은 경우는 오버 샘플링 시 과대하게 사이즈가 크기 때문에 모델 생성 및 분석 시간이 다소 오래 걸린다.

또한, 오버 샘플링 방식은 소수 데이터의 최근접 이웃 데이터를 기준으로 원본 데이터의 피처(feature) 특성들을 약간 변형하는 데이터 증식 방식이어서 소수 데이터의 특징들이 희석되어 정밀도가 지나치게 낮아지는 단점이 발생한다.

해당 데이터셋을 가지고 정밀도나 재현율을 높이려면, 데이터셋에 이상치가 있는지 조사하여 제거하고, 카드사용액의 분포를 파악해서 분포가 불규칙적인지 확인하여 정규화 또는 로그 등을 취한 결과를 활용해서 모델링을 진행하면 더 좋은 결과를 얻을 수 있다.

여기서는 단지 샘플링 방식에 따른 모델 성능만을 비교해보았다.

지금까지 샘플링 방법 및 주의할 점에 대해 알아보았고, 머신러닝 등에서 많이 사용하는 오버샘플링 및 언더샘플링 방식에 대해 예제를 통해 살펴보았다. 데이터 분석을 진행하다 보면 해당 주제로 고민할 때가 많을 것이다. 위의 방식 말고도 여러 샘플링 방법이 있으니 별도로 학습하면 좋을 것이다.

07

이상치
이야기

데이터 관심법으로 바라보며…

차례

데이터를 다루다 보면 이상치 (outlier)에 대해서 많은 고민을 하게 된다. 이런 값들이 어떻게 해서 생성된 건지, 이 값들은 정상적인지, 비정상적인지⋯⋯ 비정상적이라면 어떻게 처리해야 할지 등등 생각해야 할 일들이 많다. 그래서, 이상치에 대해 충분히 조사하는 시간을 가져야 하고, 비정상적인 데이터라고 하면 분석을 위해 어떤 처리를 해야 하는지 등의 조치를 취해야 한다.

이상치는 분석 성능에 많은 영향을 주기 때문에 까다롭게 다뤄야 하는 주제이다. 이상치에 대해서 판단하려면 먼저 본인이 다루는 데이터에 대해서 충분히 알고 있어야 한다. 그래야 어느 정도까지의 이상치를 사써가는 것이 합리적인지를 판단할 수 있다. 이상치에 대한 이야기 또한 결국은 보유 데이터에 대한 분석 이야기가 되는 것이다. 데이터에 대한 이상치 분류에는 정답이 있는 것이 아니기에 본인이 데이터를 활용함에 있어서 충분한 논리적 근거를 가질 수 있어야 한다.

그래도, 일반적으로 이상치를 분류하는 몇 가지 방법이 있기 때문에 그 방법에 대해 관심을 갖고 공부한 내용을 이번 주제에서 다루고자 한다.

앞의 샘플링 이야기에서 이상치에 대해서 살짝 살펴보았는데, 여기서는 좀 더 상세하게 이상치는 무엇이고, 이상치에는 어떤 종류가 있으며, 어떻게 찾을 수 있는지 등에 대해서 알아보고자 한다.

이상치(Outlier)란 무엇인가?

이상치(Outlier)는 무엇인가? 이상치는 전체 데이터의 패턴에서 벗어난 특이 값을 가진 데이터를 말한다. 이런 데이터는 측정지표나 머신러닝 모델(Machine Learning Models) 성능에 영향을 줄 수 있다. 그래서 이런 데이터를 미리 찾아서 제거하거나 치환(변환)등의 작업이 필요하다.

이상치(Outlier) 처리방법

이상치(Outlier)는 어떻게 생성되며, 어떻게 처리해야 하는 것인가? 먼저, 이상치가 발생하는 유형부터 살펴보자.

첫 번째 유형으로 실제 현상에서 발생할 수 없는 데이터로서 사용자의 실수에 의해 잘못 입력된 경우에 발생되는 데이터이다. 이런 경우는 고치는 것이 가능하면 정정해서 사용하고, 그렇지 않은 경우는 버려야 한다.

두 번째 유형으로 실제 현상에서 발생할 수 있는 데이터로서 사용용도에 적절한 경우는 포함해서 사용하고, 부적절한 경우는 제거해서 사용하는 것이 좋다. 사례를 통해 확인해보자. 카드 회사에서 기존 행동 패턴과 달리 완전히 다른 유형의 사용이 감지된 경우를 사기 적발(Fraud Detection)이라고 하는데, 이런 류의 사용 패턴 이상현상 즉 갑자기 고액 사용 등의 이상 패턴이 나타나면 사기성 또는 비정상적인 데이터로 인식하여 거래를 막는 등의 이벤트를 만들어 피해를 줄이도록 활용한다. 이 경우는 기존 이상 데이터를 그대로 사용한 예이다.

다른 사례로 고객이 특정 고가 물품을 구매하는 경우도 이상현상으로 볼 수 있는데, 이 경우는 발생한 거래가 이상인지 아닌지 확인이 필요하고, 비정상적이라면 해당 데이터를 정정 내지는 버려야 한다. 또 다른 사례로 개인 구매 데이터에 기업형 구매형태가 포함된 경우가 있다면 이는 이상현상으로 파악하여 해당 데이터는 제거하도록 한다. 이 밖에도 다양한 사례들이 있을 수 있다.

다음으로 이상치를 찾는 분류 기준 방법을 알아보자.

전체 패턴에서 벗어났다고 했는데, 벗어난 기준은 어떻게 정하는 건지, 탐색 기준을 살펴보자.

- 데이터의 요약(summary) 지표(MEAN, MEDIAN, Q1, Q3)를 참고해서 1차 판단한다.
- *사분위 편차를 활용한 그래프로 시각화하여 판단한다.
- 주요 디멘션별로 시각화하여 분포형태를 보고 판단한다.

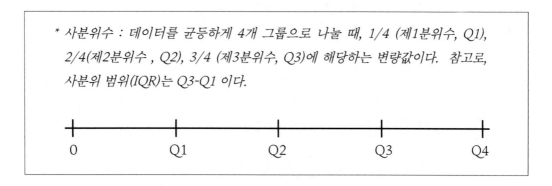

* 사분위수 : 데이터를 균등하게 4개 그룹으로 나눌 때, 1/4 (제1분위수, Q1), 2/4(제2분위수 , Q2), 3/4 (제3분위수, Q3)에 해당하는 변량값이다. 참고로, 사분위 범위(IQR)는 Q3-Q1 이다.

이상치를 찾는 분류 기준 방법을 알아보자.

첫째, BoxPlot을 활용한 이상치 탐색 방법이다.

이상치는 사분위 범위인 IQR(interquartile range) = Q3 - Q1을 이용하여 계산한다.

구체적으로 이상치 범위는 다음과 같이 분류한다.

- Q1에서 아래 방향으로 IQR*1.5 범위를 벗어난 값들
- Q3에서 위 방향으로 IQR*1.5 범위를 벗어난 값들

에 해당하는 데이터는 이상치로 분류한다.

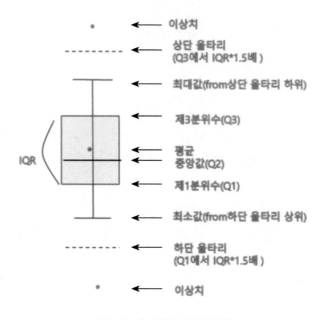

[BoxPlot을 이용한 이상치 탐색]

둘째, ESD를 활용하는 방법에 대해서 알아보자.

ESD (Extreme Studentized Deviate test) 기법은 평균으로부터 3표준편차(SD) 떨어진 값을 이상치로 인식하는 방법으로 아래 정규 분포상의 99.7%가 3시그마(σ)에 해당하므로 양편 각 0.15%에 해당하는 영역 값들이 이에 해당된다.

Boxplot과 정규 분포와의 관계에서 확인할 수 있다.

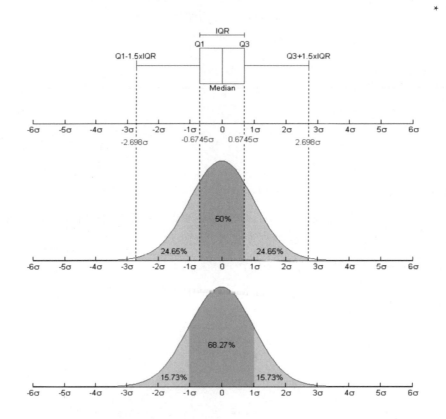

셋째, MAD 기법을 활용하는 방법에 대해서 알아보자.

MAD(Median Absolute Deviation) 기법은 잠재적 이상치는 평균으로부터 2*표준편차보다 큰 값으로 분류하나, 이상치는 평균과 표준편차에 영향을 주므로, 평균값 대신 중앙값을 이용하여 이상치를 구할 수 있다.

MAD = median(abs(x-median(x))) 로 정의하고,

실제 적용시 consistency.constant라는 값을 조정하여 이상치 범위를 선택할 수 있다.

mad = consistency.constant * median(abs(x - median(x)))

consistency.constant: 데이터가 정규분포를 따르는 경우, 이 상수값을 1.4826으로 볼 수 있다.

abs(x-median(x))/mad(x) 값을 구해 이 값이 cutoff보다 큰 값을 이상치로 본다.

앞의 샘플링 예제에서 나온 데이터를 가지고 최대결제금액이 이상치인지 판단해보자.
참고로, 데이터 샘플은 20개로 한다.

결제액	abs(x-med(x))	abs(x-med(x))/mad	abs(x-med(x))/mad2
240,000	4785	0.19	0.13
240,570	4215	0.17	0.11
220,000	24785	1.00	0.67
220,000	24785	1.00	0.67
220,000	24785	1.00	0.67
249,000	4215	0.17	0.11
220,000	24785	1.00	0.67
220,000	24785	1.00	0.67
21,326,080	21081295	850.57	573.70
250,000	5215	0.21	0.14
420,100	175315	7.07	4.77
297,000	52215	2.11	1.42
2,973,700	2728915	110.10	74.26
200,000	44785	1.81	1.22
249,000	4215	0.17	0.11
250,000	5215	0.21	0.14
249,000	4215	0.17	0.11
240,000	4215	0.17	0.11
220,000	24785	1.00	0.67
119,000	125785	5.08	3.42
median=244,785	24785	constant=1	constant=1.4826

consistency.constant 값을 1로 한 경우 850, 110 값은 잔여 값들 중 최대거리인 7에 비해 무려 15배가 높은 값으로 이상치로 분류할 수 있는 근거가 된다.

또한, consistency.constant 값을 1.4826으로 한 경우도 573, 74 값은 잔여 값들 중 최대거리인 4.7에 비해 15배가 높은 값으로 이상치로 분류할 수 있는 근거가 된다.

이상치가 많이 분류되는 경우는 consistency.constant 값을 조정하여 이상치 cut off 값을 조절할 수 있다.

같은 예제를 가지고 평균과 표준 편차를 이용하여 이상치를 구한 경우를 살펴보자.
- 평균 : 1,431.6
- 표준편차 : 4,722,574

다음 표에서 표준편차로부터 2배 이상인 거리에 있는 값은 4.51값으로 결제금액 21,326,000원 건만 이상치로 분류된다.

결제액	z=(x-average(x))/stdev(x)
240,000	0.05051660387
240,570	0.05063730076
220,000	0.04628162523
220,000	0.04628162523
220,000	0.04628162523
249,000	0.05242234426
220,000	0.04628162523
220,000	0.04628162523
21,326,080	**4.51547152**
250,000	0.05263409319
420,100	0.08865258649
297,000	0.06258629298
2,973,700	0.6293746588
200,000	0.0420466466
249,000	0.05242234426
250,000	0.05263409319
249,000	0.05242234426
249,000	0.05242234426
220,000	0.04628162523
119,000	0.02489498312

이상치가 포함된 경우는 정규 분포 형태에도 영향을 미치기 때문에 변수 표준화 사용할 때도 영향을 받게 된다. 이는 변수 표준화는 데이터 분포가 정규 분포 형태를 가진다는 것을 가정으로 하기 때문이다.

데이터 정규화 방식에는 주로 아래 두 가지 방식을 사용한다.

- 평균과 표준편차를 이용한 StandardScaler 방식
- 중앙값과 MAD(Mean Absoulte Deviation)를 이용한 RobustScaler 방식

각각의 특성을 살펴보자.

먼저 StandarScaler는 평균이 0이고, 분산이 1인 값으로 변환하여 표준화하는 방식이다. 일부 서포트 벡터 머신(Support Vector Machine), 선형 회귀(Linear Regression), 로지스틱 회귀(Logistic Regression) 알고리즘은 사용데이터가 가우시안 (Gaussian) 분포를 가진다고 가정하고 구현됐기 때문에 사전에 표준화를 적용하는 것은 예측 성능 향상에 중요한 부분이다.

다음으로 RobustScaler는 평균과 분산 값이 아니라 중앙값 (median)과 사분위값 (quartile)을 사용하여 데이터를 표준화한다. 중앙값과 사분위값을 사용하기 때문에 특정

이상치 즉 극단적인 값에 대한 영향을 최소화 시킬 수 있어 표준화를 적용하면 예측 성능이 더 향상된다.

앞에서 언급한 다양한 이상치 분류 방법에 대해서 예제를 통해서 확인해보자.
예제에 사용할 데이터는 '샘플링 이야기'에서 사용한 데이터셋으로 캐글(kaggle.com) 사이트에 있는 creditcard라는 데이터셋이다. 데이터는 https://www.kaggle.com/mlg-ulb/creditcardfraud에서 다운로드 받을 수 있다.

```
# 데이터 가져오기
import pandas as pd
df = pd.read_csv("../creditcard.csv")
df.head() # 데이터를 정상으로 가져왔는지 확인한다.

X = df[df.columns[:-1]]
y = df['Class']
```

데이터셋에서 카드사용액에 이상치가 있는지 확인하려고 한다. 먼저 카드사용액에 대한 분포를 살펴보자.

```
import seaborn as sns
plt.figure (figsize = (7,5))

# 히스토그램 그래프 그리기
sns.distplot(df['Amount'])
```

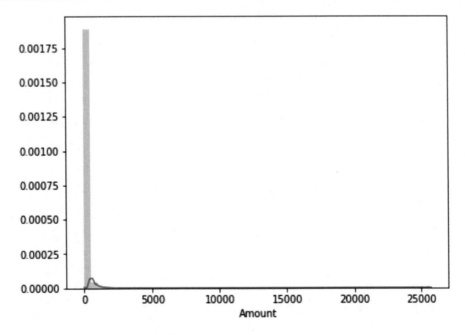

[정규화 작업 이전의 초기 분포 그래프]

대부분은 1000달러 이하에서 거래가 일어나고 있고, 일부 거래는 오른쪽으로 꼬리가 긴 고액 사용의 거래 형태를 보이고 있다.

정규 분포 형태로 변환하기 위해서 로그변환을 해보겠다. 로그 변환 이후의 분포 형태를 다시 확인해보자.

```python
# 금액간의 차이가 크니 log 변환을 이용하자.
def get_log_scaled_df(df):
    df_copy = df.copy()
    amount_log= np.log1p(df['Amount'])
    df_copy.insert(0, 'Amount_log', amount_log) # 0 인덱스에 항목 추가
    df_copy.drop(['Amount'], axis=1, inplace=True)
    return df_copy

df_copy = get_log_scaled_df(df)

# 로그 변환 이후의 히스토그램 그래프 확인하기
sns.distplot(df_copy['Amount_log'])
```

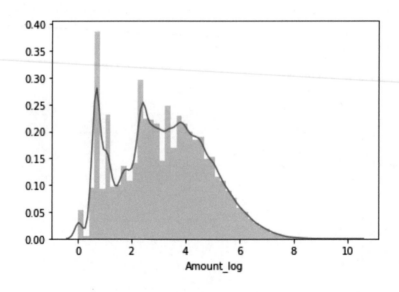

[로그 변환 이후의 분포 그래프]

아직도 오른쪽으로 꼬리가 긴 부분이 남아 있어서 이상치 등을 제거하는 과정이 필요해 보인다.

첫 번째 이상치 판별 및 제거 방법으로 IQR을 이용해보자.

```
# 1.IQR 로직으로 이상치 확인하기
def CalcOutliers_IQR(df_number_col , weight= 1.5):

    # 사분위수 Q1, Q3 및 전데이터건수 구한다.
    q1 = np.percentile(df_number_col, 25)
    q3 = np.percentile(df_number_col, 75)
    data_len = np.size(df_number_col)

    #경계라인값 구하기, 경계 결정값은 weight로 조정 가능하다.
    iqr = q3 - q1
    cutoff = iqr *weight

     # 이상치를 판별할 경계라인값 구하기
    lower_val , upper_val  = q1 - cutoff,  q3 + cutoff

    # 입력 데이터에서 하한, 상한경계를 벗어나는 값들 구하기
    outliers_lower = [x for x in df_number_col if x < lower_val]
    outliers_higher = [x for x in df_number_col if x > upper_val]
    outliers_total = [x for x in df_number_col if x < lower_val or x > upper_val] #전체 outliers 배열

    print('lowest outlier cutoff: {0} , # of observations:{1}'.format(lower_val, len(outliers_lower)))
    print('upper outlier cutoff: {0} , # of observations:{1}'.format(upper_val, len(outliers_higher)))
    print('Total outlier observations: %d' % len(outliers_total))
    print('Total observations: %d' % data_len)
    print("Total Outliers ratios: {0}%".format(round((len(outliers_total) / data_len )*100, 4)))

    return lower_val, upper_val
```

여기서 내부 가중치는 기본값인 1.5배를 적용하겠다.

```
# IQR 이상치의 상-하한값 경계값 확인하기
lower_cutoff, upper_cutoff = CalcOutliers_IQR(df_copy['Amount_log'], weight = 1.5)
```

```
lowest outlier cutoff: -1.8205588398941264 , # of observations:0
upper outlier cutoff: 8.06645046390989 , # of observations:245
Total outlier observations: 245
Total observations: 284807
Total Outliers ratios: 0.086%
```

가중치 1.5를 적용하여 탐색된 이상치는 245개가 도출되었다.

```
# IQR 이상치 제거 후 분포 확인
df_adj = df_copy.loc[(df_copy['Amount_log'] >= lower_cutoff) & (df_copy['Amount_log'] <=
upper_cutoff),]

sns.distplot(df_adj['Amount_log'])
```

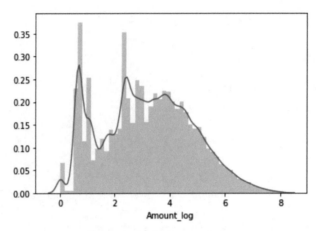

[IQR 방식으로 이상치 제거 후 분포 그래프]

이상치가 제거되어 다소 안정된 정규분포 형태를 띠고 있다.

두 번째 이상치 판별 및 제거 방법으로 ESD를 적용해보자.

```
# 2. ESD 로직으로 이상치 확인하기
def CalcOutliers_ESD(df_number_col):

    # 평균과 표준편차, 전체데이터건수를 구한다.
    data_mean = np.mean(df_number_col)
    data_std = np.std(df_number_col)
    data_len = np.size(df_number_col)

    # 최대, 최소의 경계라인값 구하기
    # 여기서는 경계 결정값은 표준편차의 3배로 하였으나 다른 값으로 조정가능하다.
    cutoff = data_std * 3

    lower_val, upper_val = data_mean - cutoff, data_mean + cutoff

    # 입력 데이터에서 하한, 상한경계를 벗어나는 값들 구하기
    outliers_lower = [x for x in df_number_col if x < lower_val]
    outliers_higher = [x for x in df_number_col if x > upper_val]
```

```
outliers_total = [x for x in df_number_col if x < lower_val or x > upper_val] #전체 outliers 배열

print('lowest outlier cutoff: {0} , # of observations:{1}'.format(lower_val, len(outliers_lower)))
print('upper outlier cutoff: {0} , # of observations:{1}'.format(upper_val, len(outliers_higher)))
print('Total outlier observations: %d' % len(outliers_total))
print('Total observations: %d' % data_len)
print("Total Outliers ratios: {0}%".format(round((len(outliers_total) / data_len )*100, 4)))

#return outliers_total
return lower_val, upper_val

# ESD 이상치의 상-하한값 경계값 확인하기
lower_cutoff, upper_cutoff= CalcOutliers_ESD(df_copy['Amount_log'])
```

```
lowest outlier cutoff: -1.8177483754048556 , # of observations:0
upper outlier cutoff: 8.122124497876529 , # of observations:218
Total outlier observations: 218
Total observations: 284807
Total Outliers ratios: 0.0765%
```

여기서 경계값으로 표준편차의 3배를 적용하였다. 탐색된 이상치는 218개가 도출되었다.

```
# ESD 이상치 제거 후 분포 확인
df_adj = df_copy.loc[(df_copy['Amount_log'] >= lower_cutoff) & (df_copy['Amount_log']  <=
upper_cutoff),]

sns.distplot(df_adj['Amount_log'])
```

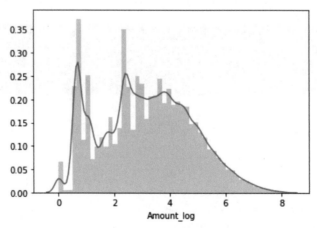

[ESD 방식으로 이상치 제거 후 분포 그래프]

이상치가 제거되어 IQR과 비슷한 정규분포 형태를 띠고 있다.

세 번째 방법으로 MAD를 이상치 판별 및 제거 방법으로 적용해보자.

```
# 3. MAD 로직으로 이상치 확인하기
def CalcOutliers_MAD(df_number_col):

    x = df_number_col
    consistency_constant = 1.4826  # 데이터가 대량인 경우

    # mad, 전체데이터건수를 구한다.
    mad = consistency_constant * np.median(abs(x - np.median(x)))
    median = np.median(x)
    data_len = np.size(x)

    # 입력 데이터에서 상한경계를 벗어나는 값들 구하기
    # 여기서는 경계 결정값 cutoff가 3로 하였으나 다른 값으로 조정가능하다.
    #cutoff =abs(x-np.median(x))/mad

    outliers_higher = [y for y in df_number_col if abs(y - median) /mad > 3]

    print('upper outlier # of observations : {0} '.format(len(outliers_higher)))
    print('Total observations: %d' % data_len)
    print("Total Outliers ratios: {0}%" .format(round((len(outliers_higher) / data_len )*100, 4)))

    #return outliers_total
    return mad


# MAD 이상치의 경계값 cutoff=3으로 한 경우
mad = CalcOutliers_MAD(df_copy['Amount_log'])
```

```
upper outlier # of observations : 43
Total observations: 284807
Total Outliers ratios: 0.0151%
```

여기서 경계값의 cutoff를3으로 적용하였다. 탐색된 이상치는 43개가 도출되었다.

```
# MAD 이상치 제거 후 분포 확인
x = df_copy['Amount_log']
consistency_constant = 1.4826  # 데이터가 대량인 경우
mad = consistency_constant * np.median(abs(x - np.median(x)))
```

```
median = np.median(x)

df_adj = df_copy.loc[(abs(df_copy['Amount_log'] - median)/mad <= 3),]

sns.distplot(df_adj['Amount_log'])
```

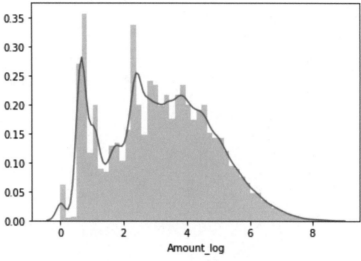

[MAD 방식으로 이상치 제거 후 분포 그래프]

이상치가 제거되어 ESD와 비슷한 정규분포 형태를 띠고 있다. 오른쪽 꼬리가 앞의 두 가지 이상치 제거 방식보다 다소 있어 보여 경계값을 조금 줄여서 이상치를 더 제거하도록 하겠다.

```
# MAD 이상치의 경계값 cutoff=2.7으로 한 경우
mad = CalcOutliers_MAD(df_copy['Amount_log'])
```

```
upper outlier # of observations : 250
Total observations: 284807
Total Outliers ratios: 0.0878%
```

여기서 경계값의 cutoff를 2.7로 적용 후 탐색된 이상치는 250개가 도출되었다. 앞의 두 가지 방식과 비슷한 수치를 보인다. 성능 측정을 위해 MAD 방식에서는 이 값을 cutoff값으로 하여 진행하겠다.

```
# cutoff 조정 (3->2.7) 후, MAD 이상치 제거 후 분포 확인
x = df_copy['Amount_log']
consistency_constant = 1.4826  # 데이터가 대량인 경우
mad = consistency_constant * np.median(abs(x - np.median(x)))
median = np.median(x)

df_adj = df_copy.loc[(abs(df_copy['Amount_log'] - median)/mad <= 2.7),]

sns.distplot(df_adj['Amount_log'])
```

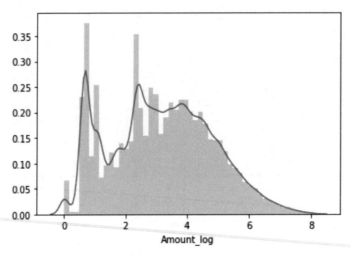

[cutoff 조정 후 MAD 방식으로 이상치 제거 후 분포 그래프]

마지막으로 이상치를 제거한 후의 성능을 비교해보자. 이상치가 비슷하게 도출되었으므로 결과도 비슷할 것이라 기대되는데 확인을 해보자.

먼저, 최초 모델 기준의 성능을 확인해보자. 여기서 분석모형은 로지스틱 회귀 모형을 적용하겠다.

```
# Logistic Regression을 이용하여 모델 성능 확인하기(1)
import pandas as pd
from sklearn.linear_model import LogisticRegression
from sklearn.model_selection import train_test_split

lr_clf = LogisticRegression()
X_train, X_test, y_train, y_test = train_test_split(X, y,
                                    test_size=0.3,
                                    random_state=156,
                                    stratify =y)
```

```
lr_clf.fit(X_train, y_train)
pred = lr_clf.predict(X_test)

# 모델 성능 확인하기
get_clf_eval(y_test, pred)
```

여기서 분석모형은 로지스틱 회귀 모형을 적용하겠다.

```
오차 행렬
[[85262   33]
 [   66   82]]
정확도: 0.9988, 정밀도: 0.7130, 재현율: 0.5541
```

여기서 거래금액에 대한 로그변환 후 모형을 적용하겠다.

```
# Logistic Regression을 이용하여 모델 성능 확인하기(2)
df_copy = get_log_scaled_df(df)
lr_clf = LogisticRegression()

X_adj = df_copy[df_copy.columns[:-1]]
y_adj = df_copy['Class']

X_train, X_test, y_train, y_test = train_test_split(X_adj, y_adj,
                                        test_size=0.3,
                                        random_state=156,
                                        stratify =y_adj)
lr_clf.fit(X_train, y_train)
pred = lr_clf.predict(X_test)

# 모델 성능 확인하기
get_clf_eval(y_test, pred)
```

여기서 분석모형은 로지스틱 회귀 모형을 적용하겠다.

```
오차 행렬
[[85281   14]
 [   69   79]]
정확도: 0.9990, 정밀도: 0.8495, 재현율: 0.5338
```

거래금액에 대한 로그 변환 정규화 작업 후 다소 정확도와 정밀도가 좋아졌다.

다음으로 이상치를 적용한 후의 성능을 측정해보겠다.

첫 번째, IQR 방식을 적용한 경우이다.

```
# IQR 이상치 제거 후의 성능 분석(3)
lower_cutoff, upper_cutoff = CalcOutliers_IQR(df_copy['Amount_log'], weight = 1.5)
df_adj = df_copy.loc[(df_copy['Amount_log'] >= lower_cutoff) & (df_copy['Amount_log'] <= upper_
cutoff),]

X_adj = df_adj[df_adj.columns[:-1]]
y_adj = df_adj['Class']

X_train, X_test, y_train, y_test = train_test_split(X_adj, y_adj,
                                        test_size=0.3,
                                        random_state=156,
                                        stratify =y_adj)
lr_clf.fit(X_train, y_train)
pred = lr_clf.predict(X_test)
get_clf_eval(y_test, pred)
```

여기서 분석모형은 로지스틱 회귀 모형을 적용하겠다.

```
오차 행렬
[[85205    16]
 [   45   103]]
정확도: 0.9993, 정밀도: 0.8655, 재현율: 0.6959
```

이전 정규화만 적용한 결과에 비해 정확도, 정밀도, 재현율 모두가 좋아졌다. 여기서 중요하게 볼 부분은 재현율이다. 사기 거래를 탐지하기 위해서는 재현율이 높게 나와야 한다.

두 번째, ESD 방식을 적용한 경우이다.

```
# ESD 이상치 제거 후의 성능 분석(4)
lower_cutoff, upper_cutoff = CalcOutliers_ESD(df_copy['Amount_log'])
df_adj = df_copy.loc[(df_copy['Amount_log'] >= lower_cutoff) & (df_copy['Amount_log'] <= upper_
cutoff),]

X_adj = df_adj[df_adj.columns[:-1]]
y_adj = df_adj['Class']

X_train, X_test, y_train, y_test = train_test_split(X_adj, y_adj,
                                        test_size=0.3, random_state=156, stratify =y_adj )
lr_clf.fit(X_train, y_train)
pred = lr_clf.predict(X_test)
get_clf_eval(y_test, pred)
```

여기서 분석모형은 로지스틱 회귀 모형을 적용하겠다.

```
오차 행렬
[[85211   18]
 [   51   97]]
정확도: 0.9992, 정밀도: 0.8435, 재현율: 0.6554
```

이전 정규화만 적용한 결과에 비해 정확도, 정밀도, 재현율 모두가 좋아졌다. 그리고 IQR 적용한 성능에 비해 조금 떨어지나, 비슷한 성능을 보여주고 있다.

세 번째, MAD 방식을 적용한 경우이다.

```
# MAD 이상치 제거 후의 성능 분석(5)
x = df_copy['Amount_log']
consistency_constant = 1.4826  # 데이터가 대량인 경우

# mad 를 구한다.
mad = consistency_constant * np.median(abs(x - np.median(x)))
median = np.median(x)

df_adj = df_copy.loc[(abs(df_copy['Amount_log'] - median)/mad <= 2.7),]

X_adj = df_adj[df_adj.columns[:-1]]
y_adj = df_adj['Class']

X_train, X_test, y_train, y_test = train_test_split(X_adj, y_adj,
                                        test_size=0.3, random_state=156, stratify =y_adj)
lr_clf.fit(X_train, y_train)
pred = lr_clf.predict(X_test)
get_clf_eval(y_test, pred)
```

여기서 분석모형은 로지스틱 회귀 모형을 적용하겠다.

```
오차 행렬
[[85192   28]
 [   46  102]]
정확도: 0.9991, 정밀도: 0.7846, 재현율: 0.6892
```

이전 정규화만 적용한 결과에 비해 정확도, 정밀도, 재현율 모두가 좋아졌다. 그리고 IQR 적용한 성능에 비해 조금 떨어지나, 비슷한 성능을 보여주고 있다. 또한 재현율 측면에서는 ESD 적용한 결과에 비해 조금 더 좋은 성능을 보여주고 있다.

정리해보면, 이상치 제거 작업만 해도 재현율 55% ⋯→ 68%로 상당한 수준으로 모델 성능을 개선할 수 있다.

추가적인 성능 개선을 위해서는 다른 분석모형을 적용해 볼 수 있지만 여기서의 주제를 벗어나기 때문에 다음 기회에 다시 시도해보자.

지금까지 이상치가 무엇이고 어떻게 판별해내는지 알아보았다. 또한 이상치를 제거한 전후의 데이터 분석 성능도 같이 살펴보았듯이 이상치를 판별해내는 작업은 분석 행위에서 중요한 부분을 담당하고 있다.

08

차세대 구축
이야기

차세대 프로젝트를 뒤돌아보며…

차례

IT업계에서 오랫동안 다양한 프로젝트를 수행하면서, 적잖은 시행착오와 업무적 난제를 겪었지만, 그런 상황에 직면할 때마다 동료들의 도움을 받으며 슬기롭게 잘 풀어나갔다.

　이런 문제를 겪는 것은 비단 필자의 문제만은 아닐 것이다. 다양한 프로젝트에서 복잡한 문제들이 발생하는 것은 불가피하고 비일비재한 일이다. 그 속에서 실제로 프로젝트에 관련한 다양한 경험을 쌓은 사람들도 있지만 그렇지 않은 사람들, 즉 앞으로 경험하고 부닥쳐 나갈 사람들도 있기에… 여기에 기록으로 남겨서 조금이라도 참고가 되기를 바라는 마음이나.

　끝으로, 오랜 기간 축적된 일의 경험과 노하우를 특별히 정리해 놓은 게 없어서 못내 아쉽기만 하였다. 실패한 프로젝트에는 실패한 사유를 공유해서 철저히 원인분석을 하도록 했지만, 성공한 프로젝트에 대하여는 차분한 분석과 정리 없이 끝내고 마는 문화가 있었음도 사실이다. 프로젝트 성공여부에 관계없이 프로젝트 기간 동안 배우고 경험했던 부분을 공유해서 좋은 기록들을 많이 남겼으면 한다.

차세대 구축에 대하여

여기서는 차세대 구축 이야기를 해보려고 한다.

회사마다 현재 사용중인 시스템이 노후화되면 차세대 시스템 구축을 검토하게 되고, 검토가 완료되면 실 구축 프로젝트를 진행하게 된다.

차세대 시스템 구축 규모가 큰 경우는 대부분 컨설팅 업체에 의뢰를 하여 어떤 비전의 시스템을 만들면 좋을지 사전 컨설팅에 시간을 할애하곤 한다. 컨설팅 업체는 최근 기술 동향에 부합하는 시스템 요건을 만족해야 하고, 현재의 시스템 문제를 보완하여 향후 10년 동안 사용할 시스템에 대한 밑그림을 그리는 일을 한다.

컨설팅 업체는 최근 기술 동향에 대해서는 잘 알지만, 현 시스템에 대한 진단이 어렵기 때문에, 대부분 현 시스템 운영업체와 함께 시스템 진단 과정을 거친다. 그렇게 해서 시스템 진단 결과에 대한 보완책을 마련하고 향후 운영 비전 등을 고려해서 전체 차세대 그림이 나오게 된다.

KT는 차세대 비전에 대한 방향을 하둡(Haddoop)시스템 기반으로 가려고 했으나, 현재 처리하고 있는 시스템 처리량 및 관리 기준에 미달해서 안정적인 대안으로 기존 방식과 비슷한 새로운 관계형 데이터베이스(RDBMS)를 도입하기로 했다. 큰 방향성이 바뀌면서 두 번의 컨설팅을 진행했었다.

여기서는 차세대 구축 전반적인 내용보다는 필자가 맡은 OLAP 영역 위주로 설명해보려고 한다. 주요 내용은 OLAP 이관 방법과 차세대 구축 후기 내용이다.

OLAP 이관(Migration) 작업

KT에서는 2020.7월부터 약 7개월에 걸쳐 BI/DW차세대 구축 프로젝트를 진행했다. 초기 준비단계도 같이 포함하면 이보다 더 긴 시간을 프로젝트 기간으로 잡아야 할 것이다. 프로젝트에서 맡은 역할이 OLAP이관이었는데, 이 부분을 설명하기에 앞서 차세대 구축 배경부터 살펴보면 앞으로 설명할 부분에 대해서 도움이 될 것 같다.

차세대 프로젝트 구축 배경

차세대 구축 프로젝트는 기존 운용하던 DW DBMS 버전의 서비스 보증기간이 종료(EOS)되어 새로운 버전으로 업그레이드를 하든지, 아니면 다른 DBMS로 교체하든지 해야 했다. 동일 DBMS의 신규 버전으로의 업그레이드 비용도 만만치 않아 다른 DBMS로 교체하기로 최종 결정되었다. 기존 DBMS는 TERADATA였고, 신규 DBMS는 VERTICA 로 선정되었다.

선정의 기준은 다음과 같은 사항에 초점을 맞춘 것 같다.

1) 기존 배치 성능을 충분히 따라잡을 수 있는지?
- 기존 일배치 작업은 3~4시간안에 작업이 끝났기 때문에 신규 DB도 이 성능을 유지
  해 줄 수 있어야 했다.

2) 기존 수행되던 SP프로시저(Stored Procedure)를 쉽게 이관 및 변환할 수 있는지?
- KT의 DW모델은 글로벌 통신모델을 사용하고 있었기 때문에 기존 SP가 상당히 복잡
  한 게 많았다. 그래서 이걸 신규 SP로 변환이 잘 되는 게 중요한 부분이었다. SP의 처
  리 흐름(Logic)을 훼손하지 않은 채 변환되지 않으면 이관된 SP에 대한 데이터 검증
  으로 인해 프로젝트 시간이 상당히 소요되므로 프로젝트 전체 기간과 맞물려서 굉장
  히 중요한 포인트였다.

3) Online 조회 성능이 충분히 나오는지?
- 기존 운영 시스템의 사용량이 상당히 많아서 점점 조회속도가 저하되고 있었고, 사용
  자 불만도 커져가고 있는 상황이었다. 기존 처리 속도보다는 개선된 기능을 제공할
  필요가 있었다. 기존 처리 건수가 리포트 기준으로 일일 2만~2만5천건 수준이었고,
  그룹사 등의 사용자가 점점 편입되고 있어서 처리건수는 더 많아지는 추세였다.

4) DB 자원 관리를 효율적으로 할 수 있는 모니터링 관리도구가 있는가?
- 사용자도 많고 배치 처리량도 많았기 때문에 DB 자원 사용량에 대한 모니터링이 필
  요했고, 적절히 자원분배를 할 수 있는 징치가 필요했나. 이런 부분을 충분히 만족시
  킬 수 있는 관리 도구가 중요한 요구사항이었다.

OLAP 이관 배경

차세대 구축이라서 투자 비용이 많이 투입되었기 때문에 프로젝트 오픈 후에 이 투자의
효과를 가시적으로 보여줄 자랑거리가 필요했다. 이에 OLAP도 기존 사용하던 버전에서
신규 버전으로 업그레이드하여 신규 버전에서만 제공하는 New Feature들을 도입하여 최
신 기술 트렌드에 합류하였음을 자랑거리로 삼으려고 했다.
OLAP시스템을 신규 버전으로 업그레이드를 결정함으로써 기존 OLAP시스템이 사용하던
메타데이터 관리용DBMS인 Oracle도 버전 업그레이드가 필요하게 되었다. 이는 OLAP시
스템이 지원하는 메타데이터용DBMS종류 및 버전의 문제와 연관되었기 때문에 피할 수
없는 작업들이었다. 기존 메타DB로 사용하던 Oracle 버전은 11g였고, 업그레이드하기로
한 버전은 KT전사에서 주로 사용하던 버전과 호환성 부분을 고려하여 12c로 결정되었다.
그리고, OLAP솔루션의 라이브러리(SDK)를 활용해서 개발한 웹 포탈 시스템에서도
OLAP 시스템 버전 업그레이드 영향도로 인해 소스수정이 필요해졌다. 사실 신규 라이브

러리 교체로 인해 전면적인 테스트 및 수정이 필요한 상황이었다. OLAP 시스템 버전 업그레이드를 단행하면서 이로 인한 영향도는 상당히 많은 일들을 초래했던 것이다.

정리해보면 OLAP 버전 업그레이드로 인한 작업 영향도 범위는

- 기존 Oracle 11g 메타데이터를 Oracle 12c로 메타데이터 이관(Migration)
- 기존 OLAP 솔루션 버전(10.4v)에서 신규 OLAP 솔루션 버전(11.0v)으로 업그레이드 진행
- 웹 포탈시스템의 신규 OLAP 라이브러리 교체 및 전면 통합 테스트 진행
- 웹 포탈에서 사용하던 자바 버전 업그레이드로 인한 배포 환경 재구축
- DW DBMS 변경에 따른 OLAP 웨어하우스용 데이터소스 변경 작업 및 전수 테스트

웹 포탈시스템에서도 OLAP 솔루션 신규 라이브러리 교체뿐만 아니라 데이터 웨어하우스로 사용하던 DBMS 변경으로 인해 웹 소스 변경 작업이 필요한 상황이었다. 이에 프로젝트 진행에 있어서 OLAP 시스템과 포탈 시스템간의 일정 조율이 굉장히 중요하게 부상했다. 또한, OLAP 시스템에서도 기존 데이터 웨어하우스에서 제공한 DBMS 기능들을 이용하여 다양한 함수 및 변형 쿼리들이 존재했기 때문에 변경 조치 및 이관할 대상을 찾아야 하는 쉽지 않은 일들이 남아 있었다.

OLAP 이관 주요 작업일정
OLAP 시스템 이관 관련 주요 작업은 다음과 같이 계획하였다.

1) 기존 OLAP 시스템에서 Teradata에만 적용되던 옵션 변경 작업
- 해당 작업은 신규 시스템으로 이관하기 전에 기존 운영시스템에서 작업되어야 하는 부분으로 운영시스템에는 영향을 주지 않는 작업이었다. 작업 대상 추출 및 실 옵션 변경 작업 기간은 1개월로 계획 세웠다.

2) 기존 OLAP 시스템의 메타프로젝트 복제 작업
- 해당 작업은 운영중인 OLAP시스템의 이관 대상용 메타프로젝트를 복제하여 신규 OLAP시스템에서 사용할 개발 메타프로젝트 환경을 구축하기 위한 목적의 작업이었다.

3) Oracle 11g -> 12c로 업그레이드 작업
- 기존 메타데이터에 신규 개발용으로 사용할 메타프로젝트환경이 위의 복제 과정으로 인해 준비되었기 때문에 신규 OLAP 시스템에서 사용할 DBMS 버전으로 메타DB 업그레이드를 수행하였다.

4) OLAP 솔루션10.4 -> 11.0으로 업그레이드 작업

- 해당 작업은 Oracle이 먼저 업그레이드된 이후에 가능한 작업으로 3)번에 이어 연속적으로 수행하였다.

5) 웹 포탈 1차 전환 작업 (신규 라이브러리로 교체)

- 해당 작업은 OLAP 솔루션 업그레이드와 같이 수행해야 하는 작업으로 OLAP 솔루션 업그레이드 후 즉시 수행될 수 있게 같은 날로 작업 계획 세웠다.

6) OLAP 데이터 웨어하우스 교체작업 (Teradata ->Vertica)

- OLAP솔루션 버전 및 메타데이터용 신규DBMS버전으로 업그레이드 반영된 개발환경에서 최종적으로 사용할 데이터 웨어하우스(DW) 데이터베이스를 교체하는 작업 반영이었다.

위에서 기술한 OLAP 시스템 이관관련 주요 작업 내용을 하나씩 구체적으로 살펴보자.

1) 기존 OLAP 프로젝트 내에서 Teradata에만 적용되던 옵션 변경 작업의 배경을 살펴보면 다음과 같다.

웨어하우스용 데이터베이스를 Teradata로 사용한 OLAP에서는 리포트 수행 전 후에 쿼리밴드(QueryBand)를 제공하여 리포트의 시작과 끝을 알 수 있도록 했다. 왜냐하면 OLAP에서 생성되는 리포트는 단일 쿼리 문장을 포함할 수도 있지만 다중 쿼리 문장을 포함할 수도 있어서 시작과 끝을 구분할 수 있는 게 중요한 부분이었다. 이렇게 수집된 정보로 리포트 사용 통계를 생성하였고, 자원 소비량 등을 계산하였다.
- 향후 사용할 웨어하우스용 데이터베이스인 Vertica에서는 이 쿼리밴드 구문을 수행할 수 없어서 오류를 일으키는 것으로 파악이 되었다. 그래서 쿼리밴드를 삭제해야 하는 큰 작업을 진행하게 되었다. 큰 작업이라 함은 손이 많이 가는 작업을 말한다.
- 쿼리밴드 삭제하는 부분은 OLAP의 기본 속성에서 일괄적으로 변경 적용이 가능했지만, 운영자가 수동으로 변경 처리한 리포트들은 일괄적으로 변경이 불가능해서 리포트 건별로 찾아서 각각 삭제 작업을 진행해야 했다. 리포트 개체수가 많아서 수동으로 변경해야 하는 대상을 찾는 작업은 쉬운 일이 아니었으며 시간이 오래 걸리는 작업이었다.

2) 기존 OLAP 시스템의 메타프로젝트 복제 작업은 다음과 같이 진행되었다.

- 기존 Teradata 환경에서 작동하던 쿼리밴드작업을 완료하였기 때문에 다른

Teradata 고유 환경에서만 작동하는 함수 구문 예로 날짜 함수 등을 선별할 필요가 있었다.

- 이 선별된 대상을 신규 Vertica 구문으로 변경을 해서 제대로 작동하는지 테스트를 해야 하기 때문에 사전에 변경 작업 및 테스트할 작업공간이 필요했다.
- 이런 사유로 기존 운영 중인 OLAP 메타프로젝트를 복제하여 동일 OLAP 시스템 환경에서 개발 및 테스트할 쌍둥이 메타프로젝트 환경을 구축하였다.
- 기존 운영 중이던 OLAP의 개체정보가 많아서 이 복제 작업에 소요되는 시간이 상당히 오래 걸렸다. 먼저 개발서버에서 진행을 했는데 약34시간 정도 소요되는 것으로 나왔다. 이는 네트워크 단절 등으로 인해 몇 차례 시도 끝에 파악된 시간이었다.
- 프로젝트 복제 작업에 소요되는 시간은 사전 테스트를 통하여 시간을 파악하였기 때문에, 안정적인 복제 작업을 위해서는 주말에 작업하도록 계획을 세웠고, 실패할 경우를 대비해서 프로젝트 기간 중 가능한 빠른 일정을 택해서 진행했다.

3) Oracle 11g에서 12c로 업그레이드 작업은 다음과 같이 진행되었다.
- 프로젝트 1차 오픈 한 달을 앞두고 메타데이터를 관리하던 Oracle을 업그레이드하기로 계획을 세웠다.
- 초기 계획은 이보다 빠른 12월 중순에 진행하려고 했으나, 차세대 신규 서버 장비들이 입고되지 않아서 계획을 연기해야 했다.
- 초기 계획보다 한 달 지연됨으로써 OLAP 업그레이드할 시기를 놓친 상태였기 때문에, 의도치 않게 Oracle과 OLAP을 같이 진행하기로 일정 계획을 세워야 했다.
- 주말 작업밖에 할 수 없었기 때문에 같이 하는 경우 무엇보다 Oracle 업그레이드에 소요되는 시간 및 OLAP 업그레이드에 소요되는 시간에 대한 사전 파악이 필요했다. 다행히 13시간 정도로 계산이 되었고, 작업 실패 시 롤백(Roll back) 등의 작업을 고려하여 안정적으로 금요일 밤부터 작업을 진행하기로 했다.

4) OLAP 10.4버전에서 11.0 버전으로 업그레이드 작업 과정은 다음과 같이 진행되었다.
- 초기 계획보다 전체적으로 한 달 지연됨으로써 OLAP 솔루션을 업그레이드할 적당한 시기를 놓친 상태여서, Oracle과 OLAP을 같이 업그레이드 진행하기로 일정을 다시 짰다.
- OLAP 버전 업그레이드 작업은 사전에 테스트 서버를 이용하여 진행했고, 여기서 대략적인 작업 소요 시간을 측정할 수 있었다. 물론 해당 작업을 위해 테스트 서버에 운영에서 복제한 메타DB를 복구하는 작업을 선행해야 했다.
- Oracle 업그레이드에 소요되는 시간이 최대 8시간으로 나왔고, OLAP 업그레이드

시간이 최대 5시간으로 나와서 총 13시간의 작업시간을 확보하면 되는 것이었다. 주말을 이용해서 충분히 작업할 수 있는 시간이어서 작업일정 수립에 대한 부담감은 줄일 수 있었다.

- 또한, 작업 원복을 대비한 충분한 시간이 확보되어야 하지만, 차세대 구축 프로젝트여서 Oracle 신규 DB서버 장비를 별도로 도입했고, OLAP서버도 별도로 도입되었기 때문에 원복에 대한 시나리오는 쉽게 해결되었다. 단순히 이전 운영서버로 스위칭을 하는 수준으로 검토되었다. (생각해보라, 기존 서비스를 다시 올리기만 하면 되는 것이다.)

- 이틀 작업시간만 있으면 충분하였기에 작업일정을 세우는데 어렵지는 않았고, 다만 주변 여건들 때문에 업그레이드 일정에 변동이 생긴 상황이었다. 매년마다 수행되는 조직개편 및 상품 전환 등의 운영 작업과 겹쳐 일정 조율이 필요했다.

5) OLAP의 신규 라이브러리로 교체하는 웹 포탈1차 작업이 OLAP과 같은 일정으로 진행되었다.

- Oracle과 OLAP을 한꺼번에 업그레이드 진행하기로 일정을 세웠기 때문에 OLAP라이브러리를 사용하는 웹 포탈도 자연스레 OLAP과 같은 날에 업그레이드를 반영해야 했다.

- 웹 포닐용 서버블노 신규로 도입되었기 때문에 사전에 필요한 라이브러리 및 소스 프로그램들은 이미 배포되어 있었다.

- 다만, OLAP 업그레이드가 성공적으로 되어 정상적인 서비스가 확인된 이후에야 웹 포탈 서비스도 신규 서버로 도메인을 스위칭할 수 있기 때문에 대기를 하고 있었다.

- OLAP 업그레이드 작업 성공 확정 이후, 신규 웹 포탈 서버와 각종 연계 서비스용 서버와의 연동이 정상적으로 되는지 확인하는 작업이 주요 내용이었다. 무려 10여개 이상의 서버와 연동을 하고 있었다. 프로젝트 초반에 각종 서버와의 방화벽 작업을 진행했지만, 프로젝트 중반에 네트워크 zone 문제로 인해 웹 서버 IP가 변경이 된 적이 있었다. 이로 인해 이관을 앞두고 다시 연동을 위한 방화벽 신청 및 연동 확인 작업을 진행했지만 불안한 상황이었다.

- 항상 급하게 하면 문제가 생긴다. 여러 연계 대상 중에 확인되지 못한 서비스가 한 종이 있었다. 문제의 서비스는 챗봇 서비스였다. 이 때문에 작업 당일에 챗봇 시스템 담당자가 긴급 출동까지 하는 상황이 발생했고, 다행히 협조가 잘 되어서 서비스가 정상적으로 오픈 될 수 있었다. 지금 다시 생각해봐도 조마조마했던 순간으로 주변의 긴장된 시선들이 느껴진다.

- 포탈용 웹 서버 업그레이드가 실패하는 시나리오가 발생하면 다시 이전 운영 웹 서

버로 도메인 스위칭이 필요했기 때문에 포탈은 원복에 대한 시나리오를 잘 준비해야 하는 상황이었다. 원복 시나리오의 주요 내용이 기존 웹 서버로 도메인 정보를 스위칭 요청하고, 연계 대상 서비스들과 다시 정상 연동이 되는지 확인하는 작업이었다. 원복을 하든지 성공적으로 이관하든지 간에 연동 테스트가 필요하였기 때문에 이런 시나리오에 대비하여 연동 대상 서비스 담당자들에게 미리 협조 요청을 하여 프로젝트 이관 준비를 하였다.

- 웹 포탈이 원복하면 OLAP도 Oracle도 다 원복을 해야 하는 상황이었다. 그래서 어떻게 해서든 업그레이드가 정상적으로 마무리되도록 해야 했다. PM, PMO, 프로젝트 관계자들이 전화를 붙잡고 협조 요청을 하던 장면이 떠오른다. 그 덕분에 문제가 발생했던 부분도 빨리 진척이 되어 무사히 업그레이드 작업을 마칠 수 있었다.

여기까지가 프로젝트 1차 오픈 작업 내용들에 해당한다. 1차 오픈이라고 하는 이유는 OLAP, 웹 포탈 입장에서는 두 번에 걸쳐서 시스템 오픈이 있기 때문에 1,2차로 나누어 부르게 된 것이다. 차세대 프로젝트 입장에서는 프로젝트 기간 내에 해야 할 일을 나눠서 오픈하여 최종 오픈 리스크를 줄이는 역할도 하였다고 볼 수 있다.

다음 작업 단계는 프로젝트 2차 작업대상이다.

6) OLAP 웨어하우스용 데이터베이스인Teradata에서 Vertica데이터베이스로 교체하는 작업이 마지막 작업이었다.

- 해당 작업은 OLAP측면에서는 2차 오픈 일에 수행되는 작업이었다. 이미 1차 오픈 작업 시에 필요한 환경은 준비되어 운영되었기 때문에 2차 작업대상은 많지 않았다.
- 운영중인 웨어하우스용 데이터베이스 인스턴스를 기존 Teradata에서 Vertica로 교체하는 작업을 수행했다. 교체 작업 후에 기본적인 리포팅 서비스가 정상적으로 수행되는지 확인했고, 이로써 Vertica데이터베이스로의 서비스 교체 작업은 대부분 마무리되었다.
- 하지만 아직 일부 교체를 위한 전환 작업들이 남아 있었다. Teradata 전용 구문으로 되어 있는 개체들이 일부 있어서 수정작업을 진행해야 했다.
- 다행히 사전에 수정해야 할 개체 정보가 식별되어 있었기 때문에, 대상 개체들에 대한 작업은 간단하게 진행되었다. 수정 대상 개체에 대한 작업은 스크립트 형식으로 미리 준비해 두었기 때문이다. 물론 이 대상 식별 작업은 신규 개발환경 구축 이후부터 준비를 했던 사항들로 최종 작업만큼 간단한 작업은 아니었다. 대략 2개월 정도의 시간을 들여 식별했던 작업들이었다.

- 끝으로 핵심용 리포트 전수 검사를 수행하여 서비스 오픈에 이상이 없음을 확인하였다.
- 그런데 얘기치 않은 곳에서 문제가 발생했다. OLAP이관 대상 메타프로젝트에 일부 누락이 있었던 것이다. 별동 부대처럼 독립적으로 운영하던 작은 주제영역의 메타프로젝트가 있었는데, 이 대상은 사전 테스트 대상에서 놓쳤던 것이다. 부랴부랴 이관 대상을 식별하고 수정작업에 들어갔다. 다행히 두어 시간 안에 작업들을 마무리하여 서비스를 오픈 할 수 있었다. 프로젝트 2차 오픈은 2021년 설날 연휴기간 동안 진행되었기 때문에 다행히 최종 오픈까지 시간이 남아 있었으므로 급하게 수정하다 놓친 부분에 대해서는 만회를 할 시간이 주어졌다. 사실 이 기간에 놓친 부분은 오픈 이후에 운영하면서 발견되어 수정하였다. 해당 메타프로젝트는 서비스 사용이 거의 없었던 터라 영향도가 적어 다행히 크게 문제가 되지는 않았다.

OLAP 이관 관련 주요 작업만 놓고 보면 간단하게 보이지만, 실제 그 작업을 준비하는 데는 많은 일들이 계획되었고 개발되어야 할 내용들도 많았다. 이런 계획은 프로젝트 WBS 문서에 프로젝트 각 단계별 Task에 상세하게 계획 및 정리되어 있었지만, 이렇게 정리되어도 실전에서는 항상 누락되는 부분이 있었다. 그래서 계속 점검하면서 부족한 부분이나 놓친 부분을 찾아내는 일이 중요했다.
프로젝트가 끝나고 나면 간단한 일들로 보이지만, 그 작업 하나하나 준비하고 계획하는 데 많은 시간과 노력을 들었나는 것만은 분명하다. 지금도 회의시간에 고성이 오고 가고, 밤낮으로 해결책을 고민했던 기억들이 추억으로 남아 있다. 추억은 아름답지만 실전의 시간은 전쟁이었다.
아무튼 프로젝트를 아름답게 마무리할 수 있어서 너무 다행이었고, 끝난 후에도 각종 수상을 하면서 그 노고를 인정받았다.

차세대 프로젝트 후기

차세대 프로젝트 주요 TASK 돌아보기
아름답게 마무리된 차세대 프로젝트에 대해서 기억을 되살려 몇몇 중요했던 일들을 얘기해보려고 한다.
- 장비 입고 단계
- 네트워크 구성 단계
- 테스트 단계
- 데이터 이관 단계
- DW 컴포넌트 솔루션 이관 단계
각 단계에서 일어났던 일들을 고찰하면서 Lessons Learned를 정리하려는 목적이다.

장비 입고 단계

장비를 발주하고 입고하기까지는 통상적으로 2~4주가 걸린다고 하여 프로젝트 시작하면서 발주를 서둘렀다. 그러나 계획은 늘 뜻대로 되지 않는 법이다. 발주 물량이 많다 보니 발주부서에서 놓친 부분도 있었고, 또 발주가 시작되었어도 코로나19로 인해 선박 운행이 중지되는 사태가 발생되어 계획보다 몇 주가 지연되는 상황이 일어났다.

이런 천재지변의 사태로 인해 기존 일정에 차질이 생겼고, 1~2차 오픈 일정을 미룰 수밖에 없는 상황이 발생했다. 일정을 맞추기 위해 기존 계획 Task에 있는 내용을 다른 Task와 병행해서 진행하기도 하고, 1~2차 오픈 사이 간격을 당겨서 지연된 일정을 메우는 방법으로 해당 리스크를 해결했다.

초기에 계획했던 일정이 변경되면 자연스레 여러 가지 리스크를 떠안게 되고, 이를 해결하기 위해서는 같이 일하는 프로젝트 팀원들과 지속적인 대화와 신경전을 벌여야 했다. 프로젝트에서는 이런 예상치 않은 일들이 리스크이면서 스트레스를 받는 주범인 것이다.

네트워크 구성 단계

프로젝트 구축 팀원들이 대부분 응용프로그램 개발자들이라 네트워크 구성에 대한 정보가 많이 부족하였다, 그래서 프로젝트 중반까지 네트워크 구성에 대해서는 신경도 쓰지 않았고, 무엇이 리스크인지 조차 알지 못했다.

프로젝트 1차 오픈을 앞두고 드디어 문제가 터졌다. 네트워크가 잘못 구성되어 재구성해야 한다고 했다. 네트워크 구성을 재구성한다는 게 어떤 의미인지 몰랐는데, 영향도를 보고 이게 엄청난 일이라는 사실을 인지했다. 네트워크 구성이 바뀌면 변경 네트워크에 물려 있던 서버들의 IP가 바뀐다는 것이었다.

서버 IP가 변경되면 서버 장비 방화벽을 다시 오픈 신청해야 했고, 해당 서버들과 연동관계에 있던 시스템과의 인터페이스도 다시 확인 및 점검하는 과정이 필요했다.

메인 포탈 서버는 연동하고 있는 시스템이 너무 많았다. BPM 서버, 메일 릴레이서버, 개인정보 권한자를 위한 망분리시스템, OLAP 시스템, 메타DB 서버 등등 프로젝트 초기부터 진행해왔던 연동 테스트를 다시 해야 하는 상황이었다. 정말 눈물이 나올 지경이었다.

1차 오픈을 한달 이내로 앞둔 시점에서 해당 작업들은 너무나 많았고, 이대로 진행하기에는 오픈하는 데 리스크가 너무 크다고 판단되었다. 그래서 1차 오픈 시기를 연기했다. 단순히 연기만 하면 2차 오픈에 차질을 빚기 때문에 1, 2차 오픈을 안정적으로 할 수 있는 다른 방안 및 일정을 다시 세워야 했다.

이번 프로젝트를 하면서 느낀 점은 프로젝트 리더는 모든 방면에 전문가 수준이어야 한다는 사실이다. 그렇지 않으면 이번 프로젝트처럼 태풍급 리스크를 맞아야 할지도 모른다는 사실이다. 이 태풍을 무사히 헤쳐 나가면 다행이지만 그렇지 못한 경우는 끔찍한 결과 및 피폐한 자기자신을 발견하게 될지도 모른다. 그 때를 생각하면 지금도 끔찍하다.

여하튼 태풍을 무사히 지나갈 수 있게 같이 노력한 팀원들이 있어서 참으로 다행이었고, 태풍의 한가운데서 힘든 날들을 잘 버틴 내 자신에게 박수를 보내고 싶다.

성능 테스트 단계

프로젝트 오픈 날짜 시기에 맞춰 신규 시스템 성능 테스트를 진행해야 했다. 성능 테스트는 1,2차 오픈일에 맞추어 총 2회로 예정되었다.

앞에서 말했듯이 1차 오픈이 늦춰져서 테스트 일정도 같이 늦춰졌다. 테스트 담당자가 프로젝트 소속이 아니고 전사적으로 프로젝트를 지원하는 부서여서 우리 프로젝트 일정이 바뀌면 다른 일정들과 겹쳐서 테스트 가능한 날짜를 잡는 게 쉽지는 않았다. 어렵게 일정을 맞춰 테스트를 진행했다.

1차 테스트의 목적은 기존 독립운영(Dedicated) 환경을 사용하다가 Cloud환경으로 전환되었기 때문에 Cloud환경 내에서도 충분한 성능을 보장하는지를 알아보는 테스트였다.

이어 2차 테스트의 목적은 데이터베이스 대개체에 따른 신규 데이터베이스의 성능을 알아보는 테스트였다.

테스트 목적에 이어 1,2차 테스트 내용에 대해 좀 더 상세하게 들여다보면,

1차 테스트는 웹 서버와 OLAP서버의 Cloud전환으로 인해 기존 대비 성능이 어느 정도 나오는지를 진단하는 것이었다. 주요 확인 대상은 OLAP서버는 리포트 응답시간 및 자원 사용량이었고, 웹 서버는 최대 처리량을 측정하여 목표 TPS 수치가 나오는지 확인하는 작업이었다. 예상대로 1차 테스트 결과는 원하는 목표 수치가 나왔고, 이로써 Cloud 환경으로의 전환에 대한 안정성이 확인되었다.

2차 테스트는 데이터베이스 전환에 따른 리포트 출력 성능 테스트였다. 성능테스트는 리포트 출력에 대한 성능과 더불어 배치 프로그램 성능 테스트도 진행했다.

배치 프로그램 테스트는 Teradata 에서의 프로그램 처리시간 대비 Vertica에서의 프로그램 처리시간을 1대1로 비교하면서 기존보다 나은 성능이 나올 수 있게 튜닝을 하면서 개별적으로 테스트가 진행되었다. 이런 튜닝 과정을 거쳐 기존 배치작업 종료시간 대비1시간가량을 단축할 수 있었다. 역시 빨랐던 것이다. 이로써 데이터베이스 대개체에 대한 명분을 충분히 획득하게 되었다.

리포트 출력 성능 테스트는 신규 Vertica DB에서 OLAP 리포트를 통해 테스트를 수행했다. 기존에 수행된 로그를 참조하여 10초 이내, 60초 이내, 100초이내, 300초 이내, 600초 이내, 1200초 이내로 수행되었던 리포트를 추출하여 해당 리포트들이 신규 데이터베

이스 기준으로 어떤 성능을 내며, 이런 리포트들을 얼마나 소화해낼 수 있는지(TPS)를 측정했다. 측정 결과 원하는 성능이 나왔고, 결과는 초기 의도대로 좋은 퍼포먼스를 내주었다. 프로젝트의 성공을 예상할 수 있었다. 이로써 테스트 시나리오가 잘 마무리되었다.

데이터 이관 단계

여기서 이야기하고 싶은 내용은 데이터베이스 대개체에 따른 데이터 이관 문제이다. 이 단계가 핵심이었고, 프로젝트 기간 내 성공적 오픈 여부를 결정할 수 있는 핵심 포인트였다. 데이터 이관을 위해 수행한 절차를 살펴보자.

첫째, 기존 Teradata에서 프로그래밍 된 Stored Procedure를 Vertica에서 수행될 수 있는 파이썬 프로그램으로 일괄 변경하는 작업이었다. 버티카는 Stored Procedure라는 개체는 없어서 SQL코딩이 가능한 파이썬 프로그램을 이용해야 했다. DW를 담는 데이터 모델은 변경이 없었기 때문에 Stored Procedure만 1대1 로 수정하면 되었다. 그래서 Stored Procedure에서 프로그램으로의 변환율이 개발량을 결정하게 되었다. 다행히 70~80% 정도는 변환 프로그램으로 해결이 되었다. 변환된 결과는 기존 운영자가 확인했고, 미 변환된 구문은 신규 DB 쿼리문장에 맞게 변경작업을 수행했다. 이렇게 해서 빠르게 변환을 해나갔다. 이 과정에서 기존 운영자의 역할이 컸다. 사실 변환율이 좋아도 복잡한 로직에 대한 검증을 하려면 신규 투입 개발자한테는 상당한 시일이 걸리는 일이다. 그러나 기존 운영자는 변환율이 좋은 프로그램 덕분에 바로바로 확인 검증을 할 수 있었고, 그만큼 시간을 절약할 수 있었다.

프로젝트 기간 중에 운영자를 투입할 수 있었던 부분은 시스템 대개체를 빠른 시간에 수행될 수 있도록 기존 운영시스템에 대한 요구사항(SR) 반영을 프로젝트 오픈 시기까지 잠시 미루기로 합의한 현업 사용자들 덕분이기도 하다. 해당 프로젝트는 시스템적으로도 사용자의 편의를 위해서 그만큼 필요한 과업이었던 것이다.

둘째, 데이터 이관 문제였다. 기존Teradata에 적재된 데이터를 Vertica로 옮기는 작업이었는데, 실제 데이터 사이즈가 너무 커서 이관하는 데 총 소요되는 시간이 문제였다. 적재 과정을 살펴보면, 기존 Teradata에서 데이터를 추출하여 파일로 저장하고, 이 파일을 신규 시스템으로 이동하여 Vertica DB로 데이터를 적재하는 과정을 거쳤다. 데이터 이관 과정상의 시간 문제를 해결하기 위해 최대한 불필요한 데이터는 삭제하고 이관하는 방식을 택했다. 그래서 불필요한 데이터 선정 작업부터 진행했다. 이 부분에서도 기존 운영자의 역할이 컸었다. 그렇게 해서 데이터 이관 사이즈를 줄여 나갔다.

셋째, 기간별로 적재된 데이터는 순차적으로 이관할 수 있게 계획을 세워 진행했으며, 항상 현재의 형상을 관리하는 테이블은 별도로 분류해서 최종 오픈 시점에 이관될 수 있도록 준비했다. 기간 데이터를 순차적으로 이동했으나, 데이터 변경이 발생해서 기존 이관된 데이터에 소급이 필요한 경우는 기존 운영에서 소급된 데이터를 다시 이관하는 대신 신규 DB에서 소급 프로그램을 수행해서 데이터 정합성을 검증하는 방식을 택했다. 이 방법으로 데이터 및 프로그램에 대한 검증을 같이 할 수 있었다. 데이터 검증도 기존 운영자가 같이 했기에 빠른 진행이 가능했다.

DW 구성 3rd-Party솔루션 이관 단계

DW 생태계는 크게 보면, 대량 데이터를 보관하는 DW 데이터베이스와 데이터를 추출하고 변형 및 적재하는 ETL, 그리고 사용자 분석을 지원하는 도구인 OLAP등으로 이루어져 있다. 여기서 DW용 데이터베이스가 변경되기 때문에 그 생태계의 구성 솔루션도 같이 변경이 되어야 했다.

ETL 솔루션 이관 단계

DW구성 솔루션으로 대표적인 ETL 솔루션에 대해 얘기해보려고 한다. ETL 솔루션으로는 Informatica를 사용했는데, Informatica 역시 New Features를 사용하기 위해 업그레이드를 진행해야 했다. 진행과정에 있어서 라이센스 문제 및 EAI 솔루션과의 호환성 문제로 인해 난항을 겪었지만, 결국은 해결책을 찾아 잘 마무리되었다.

Informatica도 업그레이드를 히기로 했기 때문에 기존에 사용하던 메타데이터용DB도 업그레이드를 진행해야 했다. 결론적으로 말하면 ETL이 사용할 최종 메타데이터 DB는 OLAP, 포탈 등 다른 솔루션이 사용하는 메타DB를 같이 사용하기로 했다.

그런데, ETL은 타겟 소스를 Teradata에서 Vertica로 변경이 필요한 부분이어서 OLAP과 달리 중간 단계에서 오픈을 할 수가 없었고, 프로젝트 최종 오픈 시기에 맞춰 일괄 이관을 해야 했다.

이런 오픈 시점 차이로 인해서 ETL은 개발환경을 신규 오라클 메타DB 버전으로 별도 구성을 하여 개발을 진행했다. 다만 오라클 메타데이터 버전 업그레이드 시점에는 ETL이 사용하던 메타는 이관하지 않았고, OLAP과 일부 웹 포탈이 사용하던 데이터만 이관을 진행했었다. 1차 오픈 시기에 데이터 스키마 선별 작업이 중요했던 이유가 이런 복잡한 문제가 엮여 있었기 때문이었다.

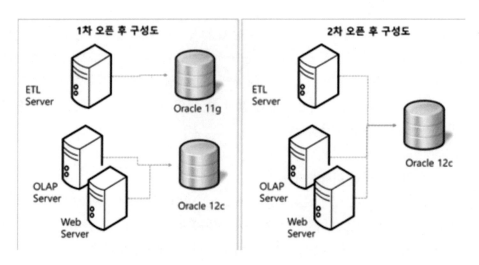

[3rd-Party솔루션과 메타DB 구성도]

웹 포탈 솔루션 이관 단계

다음으로 웹 포탈 솔루션 이관 작업에 대해 얘기해보자.

웹 포탈 솔루션은 OLAP 라이브러리를 사용하고 있었기 때문에 OLAP솔루션이 업그레이드를 하면 같이 영향을 받아야 했다. 일반적으로 OLAP솔루션은 클라이언트용 툴이나 웹 브라우저(Web Browser) 싱에서도 동일한 기능을 제공하는데, 이 웹 버전의 OLAP 솔루션이 작동하기 위해서는 지원되는 WAS 및 JDK 사양이 별도로 명시되어 있었다. 공교롭게도 업그레이드되는 버전의OLAP은 WAS 및 JDK의 버전 업그레이드도 같이 요구했다. 그래서 신규 업그레이드 버전의 WAS 및 JDK버전으로 기존 웹 소스와 호환이 되는지 확인 및 테스트 진행이 필요하였다.

또한 기존 형상관리 및 배포관리 솔루션과의 호환성 점검도 필요하였다. 점검 결과 기존 형상관리 솔루션 등도 변화가 필요한 상황이었다. 그래서 기존 형상관리 솔루션에 대한 업그레이드를 진행할 지, 신규 솔루션을 새로 도입할지 고민을 하였고, 결론은 요즘 많이 사용하는 신규 형상관리 솔루션을 도입하기로 하였다. 오픈 소스 기반 솔루션이어서 결정은 쉽지 않았지만 사내에 오픈 소스 전문 지원팀이 있어서 도입하기로 결정하였다.

이뿐만 아니라 웹 포탈이 제공하는 주요 업무측면에서는 기존 Teradata에서 수행하던 기술메타 제공업무와 Oracle에서 수행하던 비즈니스 메타 제공 업무, 그리고 ETL서버에서 처리하던 배치업무를 일부 수행하고 있었다. 그래서 1차 오픈 시기에 이관할 업무 대상과 2차 오픈 시기에 전환할 업무 대상을 구분할 필요가 있었다. 여기서 비즈니스 메타 제공 업무가 1차 이관 대상이었고, 나머지는 2차 이관 대상이었다.

또한, 연동 대상 시스템을 분류해서 신규 웹/WAS 서버와의 연동 신청을 진행해야 했다. 연동 대상 시스템으로는 BPM, 메일서버, SSO인증서버, 망분리 서버, 통합 챗봇, LDAP, ETL, 관제서버 등 많은 대상들이 있었다. 이런 대상 식별과 연동 테스트 등이 이관 Task에서 중요한 부분을 차지했다. 규모에 비해 연동 시스템이 너무 많았던 것이다.

OLAP 솔루션 이관 단계

이제 OLAP 솔루션 이관 작업에 대해 얘기해보자.

OLAP 솔루션 이관의 최종 목적은 Teradata에서 조회하던 리포트를 Vertica에서 조회하도록 변경하는 작업이었다. 그래서, OLAP 이관 작업 내용 중에 Teradata에서만 정상 수행되고 Vertica에서는 수행 불가인 쿼리 문장을 찾는 것이 가장 큰 일이었다.

먼저, Teradata에서만 제공하는 쿼리밴드(queryband) 구문이 있는데, 이 쿼리밴드는 리포트단위로 설정되며, 리포트 수행 전 쿼리 문장, 리포트 수행 후 쿼리 문장으로 2가지 문장이 쌍으로 제공되어 리포트의 시작과 끝을 알려주는 역할을 담당했다. 첫 번째 쿼리밴드 내용은 해당 리포트정보 (리포트명, 수행자, 수행 transaction id)를 담고 있었고, 두 번째 쿼리밴드는 단순 종료 구문으로 리포트 수행 문장이 끝났다는 정보 전달로만 사용되었다. 쿼리밴드 사용목적은 사용자의 리포트 통계정보를 수집하기 위한 자료로 활용되었기 때문에 모든 리포트에 적용되었다. 리포트 수행 전후의 2가지 쿼리 밴드를 찾아서 제거하는 일이 우선적인 일이었다. 다행히 애플리케이션 설정 레벨에서 상속 값이 적용되기 때문에 기본적으로 해제를 설정하면 되었으나, 또 다른 목적으로 기본 값과 다르게 일부 수동으로 설정된 리포트들이 있었다. 이렇게 다른 의도로 적용된 쿼리 밴드 리포트들을 찾아야 했고, 이런 리포트들을 복사해서 재사용한 사람들이 많아서 일일이 찾아서 고쳐야 하는 일이 주요 과제였다. 그리고 계속해서 재사용을 하고 있었기 때문에 수정 작업이 빠르면 빠를수록 프로젝트에 유리했다.

약 30만개 정도의 리포트가 있었고, 계속 재생산해내고 있어서 리포트 우선순위에 대한 작업계획을 잘 세워야 했다. 하루에 3만개 정도의 리포트들을 대상으로 확인 작업이 진행되었고, 여기서 도출된 조치 대상은 익일 바로바로 수정조치를 해 나갔다. 작업 완료 후에 최초 작업시점 이후 생산된 대상만 다시 가져와서 확인 작업을 진행했고, 여기서 나온 대상도 최종 수정했다. 이렇게 해서 쿼리밴드 작업을 예상보다 빨리 10여일 만에 끝낼 수 있었다. 물론 이렇게 빨리 할 수 있었던 노하우는 별도 테스트 서버를 구성해서 쿼리밴드 없는 수행문장을 만들었고, 쿼리밴드가 수동으로 설정되어 있어 조치가 필요한 부분은 오류를 발생시키도록 해서 대상 리포트를 선별해냈다.

```
SET QUERY_BAND = 'ApplicationName=MicroStrategy; ClientUser=!u; Source=PLM; Action=!o;'
FOR SESSION;
```

[예시 - queryband 설정내용]

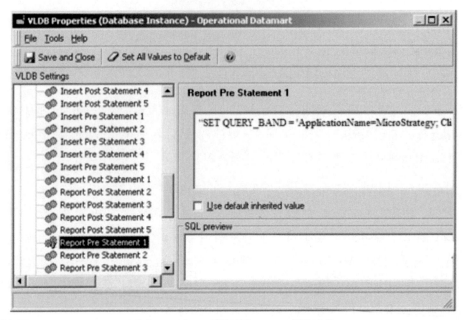

[예시 - queryband 설정 방법 on VLDB설정화면]

이 VLDB(Very Large Data Bases) 설정화면에서 Report Pre Statement1 과 Report Post Statement1에 queryband가 설정되어 있었고, Report Post Statement1의 문장은 상속으로 clear했지만, Report Pre Statement1에 있는 내용 중 상속받지 않고 별도로 처리된 문장은 수작업으로 삭제를 진행했다.

두 번째 작업대상으로는 리포트 구성에 필요한 개체들에 대한 수정 부분이었다. 이 구성 개체들 중 일부는 Teradata에서만 수행되는 쿼리 문장으로 생성된 부분들이 있었기 때문에 이런 대상을 가려내는 것이 중요했다.

리포트를 구성하는 개체들로는 관점, 지표, 필터 등이 있다. 이런 개체들 중에서 Teradata에서만 작동하는 함수 구문을 사용한 개체들을 찾아서 수정하는 일을 진행해야 했다. 대부분 날짜 관련 함수들이었고, 일부 포맷 함수 등의 변경을 해야 하는 수준의 일이었다. 이들 개체를 찾는 방법은 쉽지 않아서 프로그램을 만들어서 찾는 방법을 고안했다. 리포트 구성 개체들은 관점은 약 2만개, 지표는 1만 5천개, 필터는 5만5천개 수준이었다. 하나씩 눈으로 확인하기에는 너무 많은 양이었다. 프로그램이 없었다면 프로젝트 기간 내에 이관 대상을 다 파악하지도 못했을 것이다.

프로그램 작업이 가능했던 부분은 다행히 어느 정도 패턴이 있었기에 가능했다. 프로그램으로 식별된 대상들은 다시 분류하여 최종적으로 Vertica기준으로 다시 수정을 해야 하는 과제가 남아 있었다. 개체 1개당 수동으로 고치는데 약 3분 정도 소요되었다. 이렇게 수동 처리시 만약 수정해야 할 개체가 1천개라고 하면 6일이, 1만개라면 60일이 소요되는 계산이 나왔다. 조사해야 할 대상이 총 8만개인데 여기서 몇 개나 나올지 알 수 없는 상황에서 이렇게 진행할 수는 없었다. 그래서 방법을 찾아야 했다. 다행히 변환대상을 추출하는 선행 작업 동안 스크립트로 처리할 수 있는 방법을 찾아냈다. 해법으로 찾은 스크립트 방식으로는 변환 작업이 개당 10초 이내에 끝낼 수 있었다. 작업시간을 1/18로 줄였다. 이렇게 해서 주요 병목현상을 일으킬 수 있는 TASK에 대한 리스크를 없앨 수 있었고, OLAP 이관 작업은 무난하게 진행되었다. 무엇보다 예상할 수 있는 리스크에 대한 대비가 철저하게 준비가 되어있었기에 가능했던 부분이었다. 수시로 요구한 준비사항들을 잘 따라주고 함께 준비해준 프로젝트 인원들에게 다시 한번 감사의 마음을 보낸다.

6개월 프로젝트 동안 많은 일들이 있었지만, 본인한테 주어진 Task를 감당하느라 정작 다른 파트의 일들에는 다소 무관심하였다. 그래서 프로젝트 후기를 정리하는 데 있어서도 다른 파트의 Task에서 일어난 작업들에 대한 Lessons Learned 이 부족해 보인다. 아쉽지만 이렇게라도 차세대 구축 후기를 정리하려고 한다. 많은 사건과 고성이 있었지만 막상 지나고 나니, 그 힘들고 어려워했던 기억들은 다 사라지고 좋은 추억으로만 기억하는 지신을 발견한다. 함께 일했던 프로젝트 팀원 분들도 같은 기억들일 것 같다. 다들 고생했다고 다시 한번 전하고 싶다.

나의 분석 이야기

초판 1쇄 2022년 5월 20일
지은이 | 이남돌
펴낸곳 | 바른책
발행인 | 고민정
주 소 | 서울특별시 서대문구 연희로37길 77-13 402호
홈페이지 | www.bareunbook.com
이메일 | contact@koreaebooks.com
전 화 | 1600-2591
팩 스 | 0507-517-0001
원고투고 | edit@koreaebooks.com
출판등록 | 제2021-000019호

ISBN 979-11-88561-12-4 (13000)